爱的能力养成法
(让你吸引力倍增的爱情方法)

策划 李 臻 达 蒙
　　　智 超 张柳湘

文汇出版社

序

选择什么样的爱情,选择什么样的人生

当我们把爱情问题看作是爱情问题的时候,我们似乎找不到解药,找不到答案。当我们把爱情问题看作是人生问题的时候,离真相就越来越近了。

我们选择什么样的爱情,意味着我们给自己安排什么样的人生,意味着我们心底里肯定了什么样的自我。

爱情,只不过是每个人人生规划以及自我肯定的一面镜子。

请记住这一点,通过爱情解读自己,认识自己,是通往人生终极幸福的一种方法,一条途径。

从进化论、生物学、生理学、心理学、社会学、博弈论等角度来看,爱情归入不了任何学科。也可以这么理解,爱情是一门强烈依靠顿悟的学问,具有信仰的色彩。爱情信仰的神只有一个——我自己——我是谁,我来自哪里,我将去向何方,谁与我同行?

多年以后,我们都将老去,留在老人心底的记忆,应该是满足与欣慰交织、追求与体验交织的人生故事。为了这些故事,现在的你尽可以勇敢一些、宽容一些、豁达一些、专注一些、诚恳一些。虽然所有故事的结局只有一个时间标注,但是个中滋味却蕴藏了每个人宝贵的生命体验。我们非常确定,在所有的生命体验里,爱或者缺爱都是永恒的主旋律,它们承载了最多的念想、最大的遗憾和最美的记忆。

如果要问,追寻爱情最大的成本是什么,毫无疑问是时间;如果要问,追寻爱情最大的收益是什么,毫无疑问也是时间。时间赋予生命的意义,在这一点上爱情也没能超越。

李 臻

二〇一九年三月于北京

目录

第1章 情为何物 ……………………………………………………… 1
  一 情感自由：如何打开情感新世界………………………… 3
  二 存在感：人为什么渴望被爱……………………………… 9
  三 满足与剥夺：家庭记忆如何影响人的爱情观………… 14
  四 奖品性：女人到底要什么……………………………… 22
  五 自我肯定：人为什么有不同的爱情追求……………… 28
  六 获得人生幸福的黄金法则……………………………… 35
  七 体验驱动：如何做一个强大的男人…………………… 43

第2章 魅力建设 ……………………………………………………… 49
  一 雄性领袖特征：性吸引力是如何产生的……………… 51
  二 姿态：男人高价值的最佳证明………………………… 56
  三 绅士风度：做一个让女生刮目相看的魅力男士……… 63
  四 娱乐精神：让男人魅力四射的身份标识……………… 68
  五 攻击性和控制力：打造让人印象深刻的完美型男…… 71
  六 肢体语言：让男人气场强大的秘密…………………… 75
  七 自我定位：如何在同性竞争中脱颖而出……………… 81

第3章　来电行动 ····· 87

一　获利还是避险：女人对男人的投资策略 ····· 89
二　筛选机制：女人怎样挑选男人 ····· 95
三　心动的原理：爱情中的电是怎么产生的 ····· 101
四　推拉：如何给女生制造渴望、满足渴望 ····· 105
五　调情：如何做一个有情趣的男人 ····· 110
六　联想：如何让女生变得更主动 ····· 115
七　缘分感：如何让女生觉得你是她的真命天子 ····· 120
八　变调：女生爱上男生的真正标志 ····· 125
九　超级表白：风险更低的表白方式 ····· 131
十　梦想：打动人心的另类表白 ····· 136
十一　内爆：让高冷的女生倒追自己 ····· 140
十二　触电难易攻略：满足型记忆的电阻分级 ····· 145
十三　触电难易攻略：剥夺型记忆的电阻分级 ····· 150

第4章　姿态聊天法 ····· 155

一　微信聊天的基本原则和正确姿态 ····· 157
二　微信聊天常见话题的智慧应对 ····· 162
三　微信破冰：如何跟不同类型的女生建立情绪链接 ····· 172
四　微信拉高：如何通过微信持续拉高女生预期 ····· 177
五　微信邀约：灵活多变的邀约方式 ····· 188
六　当面聊天的基本原则和正确姿态 ····· 195
七　当面聊天的特殊技巧 ····· 202
八　糖衣炮弹：让女人大方受用的甜言蜜语 ····· 208

九　聊天的终极秘密：情绪价值 ………………………… 213

第5章　姿态约会法 …………………………………………… 223
　　一　约会触电 ……………………………………………… 225
　　二　约会来电 ……………………………………………… 230
　　三　约会漏电 ……………………………………………… 237
　　四　约会常见问题 ………………………………………… 244
　　五　非正常目的 …………………………………………… 250

第6章　亲密关系 ……………………………………………… 257
　　一　磨合：通往幸福的必经之路 ………………………… 259
　　二　保鲜：平凡生活的触电法则 ………………………… 265
　　三　矛盾：如何避免持续漏电 …………………………… 271
　　四　分手：价值分手与可控分手 ………………………… 278
　　五　挽回：价值挽回与可控挽回 ………………………… 285

第7章　附录 …………………………………………………… 293
　　一　亲人们的成长心路 …………………………………… 295
　　二　自测量表 ……………………………………………… 303

第 1 章 情为何物

人为什么渴望被爱？女人到底要什么？原生家庭如何影响一个人的爱情选择？两性关系的本质是什么？幸福的本质是什么？什么样的思维方式让你更好地体验人生？

只有理解了以上这些问题，才能真正获得情感自由——成为有魅力的男人；获得美好的情感体验。

成为有魅力的男人，意味着在寻找对象的时候，有更多的选择权和主动权；获得美好的情感体验，意味着在恋爱的过程中，有更多的幸福感、满足感、自我肯定，实现生命质量的正循环。

一
情感自由：如何打开情感新世界

成长目标

亲人们，在学习之前，我们不得不接受这样一个现实——这世界有一半是女人，如果你不能成为一个受女性欢迎的男人，不论感情还是事业，你将碰到世界上一半的阻力，这是毋庸置疑的。

我们渴望有人与自己分享幸福和快乐，渴望对方温暖的眼神、热情的拥抱，渴望对方不计回报的付出、不离不弃的陪伴，渴望在残酷的生存竞争中，有一个港湾让自己停留，有一份真诚的爱情对自己的人生进行肯定。

然而，爱情时常让我们感到无力和迷茫。我们不知道自己真正想要什么，不知道心爱的人想要什么，不知道怎么做才是对的，不知道如何变成一艘魅力四射的帆船，让自己的爱乘风破浪，驶向幸福彼岸。

唯有学习可以获得力量，唯有领悟可以拥有智慧；唯有姿态可以变得强大，唯有幸福可以无愧人生。

在成长的过程中，我们要时刻牢记这两个目标与法则：第一，我要变成一个有魅力的人；第二，我要获得美好的情感体验。当这两个目标同时实现的时候,我们就获得了——情感自由。

成为有魅力的男人,意味着在寻找对象的时候,有更多的选择权和主动权;获得美好的情感体验意味着在恋爱的过程中,有更多的幸福感、更多的满足感、更多的自我肯定,实现生命质量的正循环。

无力感

在爱情中,有一种感觉一定能引起亲人们的强烈共鸣——无力感。

喜欢的女孩儿就在微信的那一头,聊几句就不理自己了,女人这么近,爱情那么远。

不管我怎么做,对她多好,对方都不愿意为自己付出,让人好沮丧。

我是如此爱对方,对方曾经也很爱我,但是莫名其妙就跟我分手了,怎么挽回都没有用。

以上这些现象,亲人们是不是碰到过?那种无力的感觉是不是体验过?无力感让人变得很焦虑,焦虑愈发让人无所适从。时间久了,就开始怀疑自己,甚至怀疑人生。那么这种感觉是怎么来的呢?很简单,我们不知道这一切是怎么发生的,不知道怎么办才好。那么多的事与愿违,那么多的莫名其妙,让我们无所适从,有病乱投医,最后形成了各种各样的粗暴认知:

粗暴认知1:只要对她好,她就会喜欢我。感动天、感动地,就是感动不了她。

粗暴认知2:只要有钱,就会有女人。这句话等于给全世界的男性魅力直接归零,为自己没有魅力找借口。

粗暴认知3:学点儿男女的交往技巧,她就会爱上我。女生是来择偶的,不是来马戏团看表演的。

这些认知是不可能让大家变得更有魅力的,也不会让我们的情感体验变得更好,因为它们犯了一个共同的战略错误——把人性简单化了。在爱情中,我们的择偶标准有多复杂,对方的择偶标准就有多复杂;我们的情绪有多丰富,对方的情绪就有多丰富;我们的抉择有多微妙,对方的抉择就有多微妙。

逃避认知建设的结果大家都看到了,个人在爱情面前无所适从,社会在爱情面前粗暴引导,逃避没有解决任何问题。

这不是我们想要的人生,我们渴望拥有爱情的力量,渴望在情感中获得身心的自由,渴望用美好的爱情实现无悔的人生。

爱情原问题

太多的人走到生命终点,遗憾自己没有体验过真正的爱情;太多的人一生为情所困,不知道自己情归何处;太多的人虽然找到了伴侣,却貌合神离,享受不到爱情的甜蜜和美好。

美好的爱情为什么只出现在小说和电影里呢?童话里为什么都是骗人的呢?爱情为什么那么奢侈?

因为爱情在感性的外衣之下,隐藏着太多的科学逻辑,给我们造成了太多的困惑。以下的四个问题,我们称之为爱情中的四大原问题——

(1) 不了解爱的本质,在爱情中一片茫然,谁说的都有道理。

(2) 不知道自己真正想要什么,盲从别人、盲从社会、盲从自己的错误认知。

(3) 不知道对方想要什么,盲目投入、盲目给予,不见回报。

(4) 不知道怎么做才是对的,要么裹足不前,要么鲁莽冒进。

温暖的鸡汤取之不尽,情感的知识铺天盖地,有用的逻辑却凤毛麟角。要解决问题,只有去理解爱情这件事情的本质是什么,机制是什么,背后的逻辑是什么,你才能把握它。你不理解的事情,你能做好吗?你不相信的爱情,你能拥有吗?

打开情感新世界

生命质量的高低,不取决于物质,而取决于情感体验的美好程度。

如果你渴望拥有爱情的力量,渴望在情感中获得身心的自由,渴望用美好的爱情实现无悔的人生。那么,欢迎来到情感新世界!在这里,没有恐惧、没有焦虑、没有困惑,只有越来越强大的自己、越来越美好的情感体验。在这里,你的渴望将得到满足,因为你会获得自我蜕变的八大能力:

(1)充分理解爱的本质,完全掌握两性互动的游戏规则。

(2)充分理解性吸引力的奥秘,完成魅力型男的华丽转变。

(3)充分理解女人心动的科学原理,学会最高效的价值展示方法。

(4)快速提升语言感染能力,轻松拉高两性互动情绪。

(5)快速理解女性的筛选机制,轻松把握感情的关键节点。

(6)全面掌握长期相处的技巧,营造美好的亲密关系。

(7)科学读懂女性,走出囚徒困境。

(8)正确了解自己,拥抱幸福人生。

在情感新世界里,学习不是目的,改变认知才是关键。缺一块木板的桶,是不会装满水的;缺一块认知的情感,是很难自由驰骋的。这八大能力就是成就情感自由的八块木板,均衡的成长才能带来完美的结果。不论大家的出发点是什么,都能通过系统的学习,完成认知建设,实现华丽的自我蜕变。

让我们在内心深处,不再为情感焦虑,从容面对一切情感问题。

让我们在举手投足之间,由内而外地散发出独特的男性魅力。

让我们更好地享受爱情带来的激情与乐趣,体验人生的美好。

让我们的人生更通畅、更成功、更圆满。

当我们面对一段珍贵的感情时,告诉自己,我不会让它变成人生的遗憾。

同理心

什么叫感同身受?感同身受即我们所说的同理心,就是主动去感受别人,主动去表达自我,主动和对方的情绪实现快速连接。我们来看几个例子:

两个人还没那么熟,男生就逼着女生做自己女朋友,让女生惊慌失措。

女朋友跟男生热情洋溢地畅想两个人的未来,男生总是表现得不耐烦,女朋友心凉透了。

老婆过生日,老公却提着两瓶酒找同学喝酒去了,老婆既失望又愤怒。

上面的例子告诉我们,没有同理心的存在,既不能感受到别人的情绪和情感,又不能成功地表达自己的情绪和情感。想跟别人实现情感连接,是很困难的;想实现自己的情感自由,也是无从谈起的。所以,同理心是打开情感新世界、实现情感自由的钥匙。

对生命质量如此重要的同理心,本来是我们每个人与生俱来的,但在成长的路上,我们把它一点一点丧失掉了。这件事情是怎么发生的呢?答案就在残酷的生存竞争。在应对生存竞争的过程中,人会变得以自我为中心,被恐惧、焦虑、压抑、好胜心、失望等各种各样的负面情绪包围,这

些情绪就像鸡蛋壳一样,把人紧紧地包裹了起来,希望自己不受外界的伤害。但同时,也让我们的内心变得冷漠和麻木,逐渐失去了与外界的情感连接能力。

当我们从认知上理解了,这些生存竞争所带来的负面情绪,并不能更好地保护自己,只会让生活越来越糟,我们的同理心,才能慢慢地恢复,打开自己的情感大门。就像 5 岁时,我们望着爸爸妈妈,渴望一个热情的拥抱。那时的我们,没有失去对美好的感知力,一个温暖的眼神,都让我们那么满足。

当我们不再被生存竞争的心理压力左右,不再用无谓的恐惧、焦虑来保护自己,开始重建同理心的时候,我们就重新充满了爱的能量——好好地爱别人,享受别人的爱。

二
存在感：人为什么渴望被爱

请思考这是为什么

（1）一个人去看电影，身边有个美女喂男朋友爆米花，你多希望那张嘴是你的啊。

（2）一个人去医院，独自辗转在各个科室之间，感觉自己落寞得像条流浪狗。

（3）七天长假，没人跟你商量去哪儿玩，一个人在家泡面，连工作电话都接不到一个，感觉自己从人间蒸发了。

生存竞争

每时每刻，我们活在这个充满生存竞争的世界上，被打压、被否定、被剥夺是常态。

5岁那年，我想要个变形金刚，妈妈告诉我，家里没钱买不起，我好委屈。

10岁的暑假，我想和表哥去钓鱼，但是每天都有做不完的作业，我好憋屈。

高二选文理科,我非常热爱写作,父亲却告诉我,文科生没有前途的。

高考的时候,老师说,考不上本科就去搬砖,这句话在我的梦里回响了十几年。

25岁那年,我又失业了,没钱交房租,只能悄悄打电话给姥姥,羞愧难当。

三十而立,曾经的同学又聚在一起,有的结婚买房,有的生意兴隆,而自己还是个为前途迷茫的单身狗,失落的心情油然而生。

在成长的路上,为了在生存竞争中不被淘汰,为了更好的学习成绩、更好的工作,为了更成功的人生,我们不得不压抑各种各样的欲望,不得不面对各种各样的恐惧。我们的人生有多成熟,就经历了多少的挫折感、失望和不满足。这些负面情绪,就像无形的刀疤,一条一条划过我们的心灵,我们称之为生存竞争带来的心灵伤害。从婴儿时期开始,这样的心灵伤害每天都在发生,从未停止。

于是,作为人类的我们,不想看到生命一天天枯萎,不想带着那么多的伤害前行。我们想要对抗生存竞争带来的心灵伤害,想要不断得到自我肯定。

人为什么渴望被爱

我们来到城市的街头,选出 100 位单身男性,问他们:你最渴望什么?相信绝大多数男性的回答都是这样的:我想找到心仪的对象。我们把实验对象换成单身女性,得到的回答也是一样的。这就是我们的人生轨迹——找个人一起过日子。在人生的路上,男人离不开女人,女人离不开男人。这是为什么呢?

因为在两性关系中,我们可以找到存在感。

存在感是人最底层的情感需求,即:我有价值、我很重要、我被需要。人是高度社会性的动物,会本能地追求对自身的肯定与认同。追求的方式就是通过与世界的互动,来证明自己活在这个世界上是有价值的。所以,存在感本质上是一种最核心、最重要的情绪体验,人每时每刻都对这种感觉有强烈的渴望。或者说,人毕生都在追求自我肯定。

被爱意味着有人需要自己,意味着自己找到了存在感。抛开生理因素,抛开经济因素,甚至抛开快乐因素,我们仍然对爱情那么执着和眷恋,这是为什么呢?因为存在感像磁铁一样吸引着我们,让人上瘾。从某种意义上来说,我们在爱情中真正渴望的不是某个人,而是她给自己带来的存在感。

人在情感生活中可以获得的存在感,主要有两个途径——

性对象存在感:找到优秀的性对象,证明自己在同性竞争中胜出,越优秀的性对象,体验到的存在感越强烈。性对象存在感的获取,需要优秀的性对象。而优秀的性对象是稀缺的,会有更多的异性渴望她,竞争的难度高。

生活存在感:两性在生活中互相帮助、互相需要,让各自持续感觉到自己被渴望、被需要和不可替代,具有更强的稳定性。

由此可见,性对象存在感和生活存在感的获取是有矛盾的,这是一对天生的矛盾,永远的纠结,这就是存在感相对论。

存在感的判断标准

大家在认识存在感这个概念的时候,不要简单地从有或无的角度去理解。这样会让大家对两性关系的认知停留在各种表面现象上,失去对关系的洞察力。正确的理解方式,应该从强度和时间这两个维度去理解、去判断,才能更好地认识爱情,把握关系,获得情感自由。

（1）强度：他人对自己的需要越强烈,存在感越强烈。

例：被人深爱、只爱我一个、爱我胜过爱自己。

（2）时间：自己对他人的影响力越持久,存在感越强烈。

例：爱我一生一世、相濡以沫、海枯石烂、生儿育女。

存在感的给予方式

给予别人存在感的方式有两种：

主动给予

主动关心别人、主动愉悦别人、主动肯定别人（能力与人格），有奉献精神,不功利,收放自如,在让别人满足的同时,自己也能获得满足感,完成自我肯定,这叫主动给予。能够主动给予别人存在感,意味着自己有价值,有输出爱的能力；与此同时,主动给予意味着自己掌握着控制力和选择权,既然能主动给予,就能主动停止,因为主动权在自己手里。主动给予别人存在感,既展现了人格魅力,也是自我强大的表现。

被动给予

功利主义、讨好别人、受别人强迫而为之、一定要等价交换、盲目给予,在给予的过程中患得患失,体验不到快乐和满足,达不到预期的结果会产生强烈的挫败感,带来自我否定,这叫被动给予。被动给予意味着自己没有控制力和选择权,展现不出人格魅力,是弱小的表现。

爱情的本质

亲人 A 在聚会上认识了一个心仪的女生,回家发微信,女生总是爱理不理,感觉很受伤。

亲人 A 向暗恋许久的女神勇敢表白,被果断拒绝,感觉很受伤。

亲人 A 为什么一直很受伤呢?因为他在爱情中被拒绝、被否认、被无视,没有找到存在感。

经过一番努力,亲人 B 终于牵到了心仪女生的手,感觉很满足。

相处之后,亲人 B 被女朋友照顾得无微不至,感觉很满足。

亲人 B 为什么一直很满足呢?因为他在爱情中被接受、被肯定、被重视,找到了存在感。

爱情的本质,就是人通过两性关系寻求自我肯定,获得存在感,让人生更圆满。

我们渴望有人与自己分享幸福和快乐,渴望温暖的眼神、热情的拥抱,渴望对方不计回报的付出、不离不弃的陪伴,渴望在残酷的生存竞争中,有一个港湾让自己停留,有一份真诚的爱情对人生进行肯定。这就是人类追寻爱情的动力,通过爱情完成自我肯定,让人生圆满。

对一个人来说,爱情之所以让人困惑,是因为干扰因素实在太多。传统观念、思维模式、情绪状态、信息不对称等各种各样的因素,严重影响了人对爱情的认知和判断。所以,我们要透过现象看本质。只要抓住了存在感这个爱情的本质,就能让爱情脱胎换骨,在正确的时间做正确的事情,找到人生的幸福。

三
满足与剥夺：家庭记忆如何影响人的爱情观

请思考这是为什么

(1) 有的人渴望找一个像母亲一样的恋人。
(2) 有的人特别喜欢短发的女孩子。
(3) 有的人恐惧两个人走得太近,在恋爱中一定要有自己的独立空间。

潜意识

恋爱关系在本质上是一种博弈关系。如何理解这种博弈关系呢？它既不像战争的双方完全对立,也不像父母那样无条件给予,而是男女在合作中寻求相互认同。所以,在恋爱博弈关系中,了解自己显得非常重要。只有在了解自己的基础上,才能知道自己真正想要什么,才能知道自己能给予对方什么。一个连自己都不了解的人,如何获得对方的认同呢？

很多人认为,了解自己是一件很容易的事情。这样想的人,其实根本不了解自己。因为了解自己需要巨大的勇气,需要一个人去直面成长的伤痛,直面原生家庭的不圆满,直面自己的脆弱,直面心中的欲望,等等。而这些东西,平时都被人封存在潜意识中,如果不去主动地整理,是不会被清晰意识到的。也就是说,了解自己要从潜意识开始。

什么是潜意识呢？人的大脑里同时有两种意识存在。一种叫明意识,就是人清醒时刻的心理活动,用来理性思维;另一种叫潜意识,就是潜藏在明意识下的神秘力量。潜意识不仅涉及了明意识的所有心理活动,还通过本能、直觉等独有的心理活动,来影响人的行为与决策。

潜意识对人的恋爱有多大影响呢？

（1）潜意识中埋藏着人对爱情的所有渴望,也就是说,自己真正想要什么。比如,一个人看起来并没有那么好,可自己就是对她爱得死去活来,连自己都说不清为什么。

（2）潜意识中埋藏着人对爱情的所有恐惧,也就是说,自己会因为什么而拒绝一段爱情。比如,有一类人在恋爱中特别讨厌两个人腻腻歪歪,感觉很肉麻,但不知道为什么。

（3）在与异性交往的过程中,洞察对方的潜意识,会让自己在恋爱中更明白、更主动。比如,当一个男生,只需要通过女生的肢体语言,就能读出女生的心情和想法,女生会觉得男生非常懂自己,对男生产生强烈的依赖感。

家庭情结

原生家庭的氛围（热暴力、冷暴力、溺爱等）极大地影响了我们的性格形成,这段时期带来的记忆令人印象最深刻,对人生的影响最大。在我们成长的过程中,总有一些美好的事物让人那么依恋,总有一些痛苦的经历让人莫名地恐惧。于是,我们产生了这样那样的渴望。我们渴望能找到母亲一样的恋人,渴望不再遭受冷暴力,渴望不再被亲人抛弃。这些渴望随着时间的流逝,不仅没有消失,而且在潜意识中生根、酝酿、发酵,变得越发的强烈,从内心深处影响着我们的行为和选择。也就是说,有些美好的感觉曾经很好地满足过,或者长期得不到满足,首因效应会让人对这种感觉形成强烈渴望,这种渴望就是家庭情结。

情结对人的爱情具有绝对的主导作用,让爱情变得丰富多彩。具体而言,主要的影响有三个方面。

(1)强迫性重复。情结让人在寻找爱情的过程中,总是重复选择某一类型的对象,我们称之为强迫性重复。比如,有些妈宝男一定要找比自己年龄大的女性。

(2)爱的动力。情结驱动着人们去勇敢地追求爱情,寻求人生的圆满。比如,《大话西游》中,紫霞仙子满世界寻找能拔出自己宝剑的男朋友。

(3)爱的方向。一个人如果能清晰地了解自己的情结,就不会在爱情中迷失自我,找到正确的方向,走向幸福。比如,单亲家庭长大的孩子,内心最深处真正渴望的是拥有一段亲密关系,但是许多人在恋爱恐惧症的干扰之下,选择了单身。

满足型记忆

在人的记忆中,家庭为我们提供了安全的呵护、无私的关怀、最好的照顾,让我们人生中第一次找到了存在感(我有价值、我很重要、我被需要)。在这个过程中,如果长辈(爸爸、妈妈、爷爷、奶奶等)给了孩子足够的爱,给孩子留下了美好的童年记忆,我们称这种记忆为满足型记忆。满足什么呢?就是满足了孩子的存在感——对自我的肯定。满足型记忆主导的人,容易产生依附情结、恋父情结、恋母情结。

(1) 依附情结:从小在家庭中被赋予过高的期望(例如,长子、独子等),或得到了特殊的优待。这类人的人格不够独立,生活上强烈依赖于类家庭关系(恋爱关系、同居关系、家庭关系等),只有处于类家庭关系中,才会感到舒适和安全。这类人一旦进入恋爱关系,就像找到了人生归宿,往往会忽视与朋友的相处,进入一种相对封闭状态,淡化与外界的联系。

关键词:单身恐惧症、有异性没人性、见色忘义、爱美人不爱江山、缺乏主见和独立性。

(2) 恋父情结:渴望找到父亲一般的对象,渴望无条件呵护。一般而言,女生更容易产生恋父情结。因为在家庭关系中,父亲对女孩子更包容、更宠溺;母亲需要承担起教育女孩子的责任。

关键词:公主病、大叔控、排斥年轻男性、爱妒忌、爱吃醋、希望被引领、爸爸一样的男人、被保护、小公主、安全感、成熟稳重、喜欢提要求。

(3) 恋母情结:渴望找到母亲一般的对象,渴望无微不至的照顾。一般而言,男生更容易产生恋母情结。因为在家庭关系中,母亲对男孩子更包容、更宠溺;父亲需要承担起教育男孩子的责任。

关键词:妈宝男、姐弟恋、温柔、细心、体贴、照顾、冷暖、大男子主义、少爷病、使唤人。

满足型记忆对人在恋爱中的重要影响:

(1) 更容易因为感动而开始一段感情。满足型记忆的人怀念原生家庭带给自己的宠溺、优越感、温室效应。因此,他们更容易因为感动而恋爱。为什么?因为感动能唤醒他们的依附情结、恋父情结、恋母情结,重新找回被父亲无条件呵护、被母亲无微不至照顾的感觉,重新找回存在感。满足型记忆的人,走出温暖的家庭、走入现实的社会之后,如果长期得不到自我肯定,有的人在择偶过程会采取一种特殊补偿策略——对我好就行了,而忽视了对方是否有价值,自己是否爱对方。

(2)在追求爱情的过程中更容易向现实妥协。满足型记忆的人,会因为感动而开始一段感情,又不喜欢长期单身的生活。所以,他们在寻找择偶对象的时候,不是那么地执着稀缺的真爱,很多时候,他们更容易向现实妥协。具体到每个人而言,既然放弃了真爱,就要在择偶条件上采取花式的补偿策略——愉悦我、关心我、为我解决问题、给我面子、为我花钱、性生活满足我等等,好歹给自己一个交代。

剥夺型记忆

有的家庭氛围不那么完美,对孩子过于严厉、过于刻薄、热暴力、冷暴力、甚至抛弃孩子,让孩子感觉到自己不被重视,产生强烈的挫败感、迷失自我,甚至自卑。这种情况严重剥夺了一个人的存在感(我有价值、我很重要、我被需要),我们称这种记忆为剥夺型记忆。被剥夺型记忆主导的人,容易产生孤儿情结、慈父情结、慈母情结。

(1)孤儿情结:童年时期被家庭严重伤害或被亲人遗弃,一方面极度渴望亲密关系,一方面又会对亲密关系产生恐惧,不愿两人交集过深,经常处于矛盾之中。

关键词:恋爱恐惧症、恐婚症、没事儿找事儿相互折磨、害怕、孤独、喜欢独处、渴望温情、伤害、怀疑、恐惧、被抛弃、不安全感、自我保护、焦虑、抑郁。

(2)慈父情结:喜欢扮演慈父一样的角色,会把对方假设为孩子一样的弱者,努力地保护对方、教育对方、宠溺对方,会假设对方跟自己一样有相同的需求,不管对方是否真的需要,都要很主观地给对方。

关键词:有的男生老是找渣女、有些女孩特别渴望成为男人、保护他、拯救他、引领他、教育他、靠山、英雄、伟大。

(3)慈母情结:喜欢扮演慈母一样的角色,会把对方假设为孩子一样的弱者,努力地照顾对方、宽容对方、宠溺对方,会假设对方跟自己一样有相同的需求,不管对方是否真的需要,都要很主观地给对方。

关键词:有的女生老是找渣男、关心他、照顾他、心疼他、圣母、同情、保姆、温柔、无微不至、体贴。

剥夺型记忆对人在恋爱中的重要影响:

(1)一部分人,奋不顾身地追求所谓的真爱。剥夺型记忆主导的人,由于他们在原生家庭中失去了太多的存在感,所以在择偶的过程中,会给自己树立一个很高的预期,用来弥补成长经历中爱的缺失。那些缺失曾经给他们带来了这样那样的遗憾,所以他们不允许自己的爱情不够圆满,给人生带来更多的遗憾。所以他们中的大部分人执着于所谓的真爱,宁肯单身也不会轻易向现实妥协。一旦遇到真爱,他们就会奋不顾身地去追求,哪怕头破血流,甚至不可理喻。

(2)另一部分人,失去了爱的信心和动力。有一类剥夺型记忆的人,在走出家庭之后,如果在两性关系中仍然受挫,长时间得不到爱的回馈与滋养,就会逐步丧失爱情的信心和动力,进入一种爱情封闭状态。在这种状态下,他们长期心情压抑,难以找到自己的兴奋点,体内的爱情激素(PEA、多巴胺)分泌受限,很难去爱上一个人,习惯性地回避爱情。他们在潜意识中对自我进行否定,不相信自己能够得到爱情。

爱的救赎

爱情的本质,就是人通过两性关系寻求自我肯定,获得存在感,让人生更圆满。

家庭情结揭示了人在成长过程中存在感的满足与缺失,还预示了人在爱情路上将选择什么样的方向。

也就是说,家庭深深影响着每一个人的爱情观,它既是爱的发源地,也是人生爱情的导航仪。在成长的路上,家庭给每个人留下过难以磨灭的记忆,宠过我、爱过我、伤害过我、抛弃过我。不论我们经历过什么,不论曾经在家庭中得到的爱是满足还是不满足,那些都已成为过去。只要我们勇敢地敞开心扉,正视自己的情结,就能把它变成爱情的动力,而不是爱情的包袱,找到人生的幸福。

满足型记忆的人,拿出挑战难度的勇气,勇敢地去追寻真爱吧。

(1)不要沉溺于原生家庭带给自己的宠溺、优越感、温室效应,那会让自己的爱情观很狭隘,一旦碰到自己真正喜欢的人,缺乏足够的勇气去追求真正的爱情。而是退而求其次,去选择唾手可得的恋爱关系,比如,只要找个像母亲一样的人宠爱自己,找个像父亲一样的人呵护自己,就够了。错过了多少心动的时刻,错过了多少美好的爱情。

(2)不要单纯因为感动,就盲目地投入一段爱情。那是在向自己的审美妥协,向自己的内心渴望妥协,向自己的幸福妥协。对爱情过于妥协的人,要么在不满足中度日如年,要么在未来某个时间点突然爆发,让人生一败涂地。过度妥协的本质,是对不起自己,是在人为地压抑自己,是对幸福的背叛。

剥夺型记忆的人,拿出信任对方的勇气,勇敢地去享受亲密关系吧。

(1) 信任对方的品格。亲密关系会给人带来爱,有时候也免不了带来伤害。不要过度恐惧亲密关系带来的伤害,如果一个人不投入亲密关系,永远得不到真正的爱情,也找不回曾经失去的存在感。也就是说,永远徘徊在亲密关系之外,其实是对人生最大的伤害。不要因为对亲密关系的恐惧,掩盖了自己对亲密关系的强烈渴望。勇敢地去追求亲密关系吧,你失去的只是锁链,但你有可能重新找回你失去的温暖、失去的呵护和原生家庭留下的种种遗憾。

(2) 信任对方的能力和智慧。因为曾经有心理缺失,所以剥夺型记忆的人,在恋爱关系中总是不自觉地去扮演伟大的慈父、慈母,过度地保护对方、宠溺对方、教育对方,这会让对方感觉自己很弱小,反而剥夺了对方的存在感。在正常的关心之外,要给对方更多的信任。

四
奖品性：女人到底要什么

请思考这是为什么

（1）韩剧中男主人公都是高富帅，女主人公不一定稀罕他。
（2）女孩喜欢肌肉男，家里给她介绍文艺男，驴唇不对马嘴。
（3）总以为靠真诚和付出能更感动女人，可最后她说"好人一生平安"。

什么是奖品

在很多人看来，我各方面条件都非常优秀，喜欢我的女生也很多，但我的心仪对象就是对我不来电。男生对女生照顾周到，体贴备至，不仅没有让女生更爱他，还觉得男生烦。因为女生觉得男生虽然很关心自己，但是男生工作不够好，带出去不够有面子。

男生对女生很舍得花钱，送礼、买包、到处玩儿，女生虽然很感谢男生，但就是对男生爱不起来。

大家都说男人有价值就能吸引女人，那为什么上面例子中的男人这么有价值，仍然不能吸引心仪对象呢？问题出在我们对价值的认知上。

一个人,不管他多优秀、多有价值,在得到对方认可之前,都是自己认为的。只有这些价值得到了对方的认可,才对对方有意义。在爱情中,女人从来不去想跟自己无关的事情。男人身上的价值,女人都会对应到自己身上,做联想与判断——对我有没有用。如果意识到有用,女人才会期待得到男人的价值,我们称之为奖品;如果意识到对自己没有用,就不会认为男人的价值是自己的奖品。简单说,在女人眼中,与我有关的价值才是奖品。

另一方面,奖品性是一个相对性的概念,任何一个正常的人,都可能被别人读出一定的奖品性的。

一旦女人对男人形成了奖品预期,就会对两个人的关系产生预期,女人就会在关系中表现得更主动。但是在现实生活中,男人的价值转化为女人的奖品预期,除了看女人是否需要,还有一些很重要的影响因素。

(1) 女人不理解。由于每个人的成长经历不同,形成了不同的思维习惯,对事物的理解程度也是不同的。男人的价值再高,女人的理解力没跟上,对女人来说,等于没价值,不是奖品。

(2) 男人没态度。在交往过程中,不论男人的价值有多高,如果女人没有感受到男人的真心诚意,那么女人就会认为这些价值跟自己没关系,等于没价值,不是奖品。

奖品性

(1) 通用需求:
可控性——门当户对、性格不冲突、只喜欢我一个、让着我、靠谱。
(2) 实用型需求:
① 愉悦我——懂我、聊得来、玩儿得来、三观一致。

② 关心我——在乎我的感受、在乎我的喜好、在乎我的细节、宠我。

③ 为我解决问题——保护我、引领我、解决困难。

(3) 虚荣型需求：

① 性生活满足我——外形怎么样、技术怎么样、体力怎么样。

② 有面子——能配上我、让人羡慕、能带得出去、会捧我。

③ 为我花钱——舍得为我花钱、提升生活层次、不为钱发愁。

同性竞争

人在情感生活中可以获得的存在感，主要有两个途径——

性对象存在感：找到优秀的性对象，证明自己在同性竞争中胜出，越优秀的性对象，体验到的存在感越强烈。性对象存在感的获取，需要优秀的性对象。而优秀的性对象是稀缺的，会有更多的异性渴望她，竞争的难度高。

生活存在感：两性在生活中互相帮助、互相需要，让各自持续感觉到自己被渴望、被需要和不可替代，具有更强的稳定性。

也就是说，性对象存在感和生活存在感的获取是有矛盾的，这是一对天生的矛盾，永远的纠结，这就是存在感相对论。但人们是如何做出选择的呢？

同性竞争是指同性之间因为择偶产生的竞争关系。从人们开始择偶的那一刻起，就面临着激烈的同性竞争。同性竞争无时不在、无处不在，这是自然法则决定的。同性竞争除了让人们感受到竞争的压力，还影响着人们在两性关系中的价值取向。

在同性竞争中占据优势：某个人外形有优势、个人素质有优势、经济有优势、社会地位有优势等，如果这些优势给他带来了强烈的自我肯定，这个人就会倾向于寻找优秀的性对象，证明自己在同性竞争中胜出，体验到人生赢家的存在感。也就是说,在这样的情况下,男人倾向于找漂亮的女人证明自己的价值,女人倾向于找优秀的男人证明自己的价值。这种倾向的需求,就是奖品性中的虚荣型需求。

在同性竞争中不占据优势:某个人在外形、个人素质、经济地位、社会地位等方面条件一般,或者说,这个人认为自己并不比同性有更多的竞争优势,也就是说,对他自己并没有太强烈的自我肯定,那么这个人会倾向于寻找能提供实用价值的生活伙伴,互相照顾、互相需要,体验到生活存在感。也就是说,在这样的情况下,男人倾向于找温柔贤惠的女人过日子,女人倾向于找关心体贴的男人过日子。这种倾向的需求,就是奖品性中的实用型需求。

只有一个女人

世界上有那么多女人,每一个女人都有自己的需求、喜好、价值观。在亲人们眼中,要想准确地把握一个女人的具体需求是很困难的。但是,不管个性差异有多大,她终究还是一个女人,是女人就有女人的共性。在奖品需求面前,每个女人都想获取更多的奖品。打个形象的比喻,不管这个女人是实用奖品主导还是虚荣奖品主导,她的内心里都同时存在两种声音——我要实用型奖品;我要虚荣型奖品。喜欢钱的女人不代表她不需要愉悦;喜欢帅哥的女人不代表她不需要关心。同样的道理,贤惠的女人不代表她不喜欢钱和帅哥。

虽然有的女人是实用主导的,有的是虚荣主导的,但是在不同的环境、不同的时间她们的需求偏好是遵守共同规律的。什么规律呢?想听的亲人们,小礼物走一波。我们把两性互动的场景总体分为二人世界和社交场合,女人的需求偏好会在两个场景中发生微妙的变化。

两人世界：不需要顾忌第三方眼光的两性互动场景，我们称为两人世界。当女人身处两人世界，没有第三方眼光、没有同性竞争，这时候女人的奖品性偏好会更倾向于实用型的。希望此刻有人愉悦自己、关心自己、为自己解决问题。这个时候，亲人们就需要意识到这种需求的存在，该逗她逗她、该关心她关心她。女人就会感觉到男人很懂她、很贴心。

社交场合：需要顾忌第三方眼光的两性互动场景，我们称为社交场合。当女人身处社交场合，存在第三方眼光或者潜在的同性竞争，这时候女人的奖品性偏好会更倾向于虚荣型的。希望此刻有人给我面子、为我花钱、跟我一致。这个时候，亲人们就需要摇身一变，变成女人的面子提款机，该配合配合、该捧她捧她、该表示表示、该表态表态。女人就会感觉到男人很默契、很给力。

奖品性的日出效应

没有阳光照耀的地方，一片黑暗；一旦阳光划过地平线，就什么风景都出现了。风景就像人的需求，阳光就像激发需求的条件。对于两性关系的奖品性而言，人在本质上是什么都需要的，人的最底层需求是一样完整的——可控性、愉悦我、关心我、为我解决问题、性生活满足我、有面子、为我花钱。

在同一个时间点,人不会提出所有的需求,只会关注最重要的需求。

人在空虚无聊的时候,需要对方能够愉悦自己。

人生病的时候,需要对方关心自己、照顾自己。

人在经济困难的时候,需要对方能提供经济价值。

人在得意的时候,需要找个优秀的异性来进一步证明自己。

也就是说,什么样的客观条件,激发什么样的奖品性需求,我们称之为奖品性的日出效应。阳光照到哪里,哪里看见了风景;阳光照不到的地方,不代表没有风景,只是它们还没有显现出来。

五
自我肯定：人为什么有不同的爱情追求

请思考这是为什么

（1）有的人找对象，一定要找对自己好的。
（2）有的人找对象，要高学历、高收入。
（3）有的人找对象，不看脸不行。

爱情追求是怎么来的

爱情的本质，就是人通过两性关系寻求自我肯定，获得存在感，让人生更圆满。

我们发现，在爱情中，每个人的追求是各不相同的。有的人执着于态度，有的人执着于条件，有的人执着于形象，有的人是完美主义。为什么人和人对爱情的追求会不一样呢？因为，从出生开始，不论是家庭、校园，还是社会，都给我们留下了独特的记忆，形成了各种各样的认知。这些认知决定了每个人在爱情中，会通过什么样的特殊方式，才能最好地满足自己，对自我进行肯定，让内心得到平衡，让人生更圆满。

原生家庭的氛围极大地影响了我们的性格形成,留下的记忆对人影响深远,也让我们对未来产生了这样那样地渴望。我们渴望能找到母亲一样的恋人,渴望不再遭受冷暴力,渴望不再被亲人抛弃。这些渴望随着时间的流逝,不仅没有消失,而且在潜意识中生根、酝酿、发酵,变得越发强烈,从内心深处影响着我们的行为和选择。

当人走出家庭,走进校园和社会之后,无论是满足型记忆还是剥夺型记忆的人,都会被激烈的生存竞争进一步影响。有的人更加怀念原生家庭的温暖;有的人害怕爱情给自己带来遗憾;有的人试图弥补原生家庭爱的缺失;有的人最终丧失了追求爱的勇气。不同的人所表现出来的行为和追求,就是我们所说的爱情追求,就是事情的真相。

人们在爱情追求的过程中,有两个无法回避的规律:

(1) 以偏概全。人们在追求爱情的时候,往往会过度强调某些特殊需求(比如:颜值、财富),压抑了自身的其他需求(比如:愉悦、关心、性),忘记了自己是一个七情六欲都需要的普通人,少了哪种需求都会很难受。随着时间的流逝,那些被自身忽略、被社会压抑的需求,都会慢慢浮现出来,不满足感随之而来。所以,我们不要把追求当成一种执念。

(2) 动态修正。当人们追寻着某些特殊需求(比如:颜值、财富),进入一段恋爱关系的时候,往往发现对方不能满足自己的所有需求,人会有意无意地对自己的需求进行动态修正,以维持这段关系。有的人甚至进入到一段跟自己当初的爱情追求南辕北辙的关系中。比如,想找个女朋友关心自己,最后找到一个公主病,把自己累得不轻。所以说,爱情追求可以适当修正,但不能太压抑自身需求,无底线妥协,因为这违背了自己的内心渴望。

实用型

(1) 对我好就行了。

(2) 因为感动而开始一段爱情。

(3) 一定要找一个像妈妈一样对自己照顾有加的女朋友。

(4) 一定要找一个像爸爸一样对自己万千宠爱的男朋友。

有上面这些特征的亲人,很可能是实用型的爱情追求。

实用型的人在爱情中追求:对我好(奖品性偏好:愉悦我、关心我、为我解决问题)。

家庭记忆是满足型的人,当他们走出家庭,进入校园和社会之后,遇到激烈的生存竞争和同性竞争,导致恋情挫败、学业受挫、事业不顺等不太顺心的情况,没有获得足够的存在感。这时候,他们会越发怀念原生家庭带给自己的宠溺、优越感、温室效应,怀念母亲无微不至的照顾,怀念父亲无条件的呵护。所以在他们的爱情追求中,要找一个对自己好的人。实用型的人特别在意对方的态度,对方要有付出精神,要照顾自己、体贴自己,要充分地重视自己。只有在这样的关系中,实用型的人才会得到自我肯定,感到满足。

关键词:陪着我、在乎我、温柔、体贴、照顾、责任感、担当、幽默、有趣、善良、暖男、愉悦我、相濡以沫、三观一致、契合、温暖的家、顾家、家务、呵护、懂我、疼我、宠我、哄我、默契、爱心、说到做到、温文尔雅、细心、周到、让着我、重视我、优待我、不能忽略我、以我为中心、围着我转、感动、付出、牺牲、通情达理。

虚荣型

(1) 纯价值导向,包括高学历、高收入、财产、社会地位、名声、身高等。

(2) 一定要找个优秀的对象,不能比自己差。

(3) 带出去要有面子,要让人羡慕。

(4) 要让别人看到,我是人生赢家。

有上面这些特征的亲人,很可能是虚荣型的爱情追求。

虚荣型的人在爱情中追求:更优秀(奖品性偏好:性生活满足我、给我面子、为我花钱)。

家庭记忆是满足型的人,当他们走出家庭,进入校园和社会之后,如果在激烈的生存竞争和同性竞争中取得了优势,比如,情场得意、学业有成、事业顺利,这些成长经历给他们带来了强烈的自我肯定。这类人就会倾向于更优秀的对象,证明自己在生存竞争和同性竞争中胜出,体验到人生赢家的存在感。虚荣型的人特别在意对方的实力和条件,要对方符合公认的优秀的标准,这样才能反证自己的价值。也就是说,对方要尽量地优秀,符合各种高标准的择偶条件,带出去要有面子,不能掉价,充分满足自己的虚荣心。只有找到更优秀的对象,虚荣型的人才会得到自我肯定,感到人生胜利了。

关键词:有钱有车有房、高学历、工作、社会地位、名声、身份、出身、家境、事业、上进心、有前途、优秀、物质条件、高富帅、白富美、漂亮、性感、美、强大、能力、霸道总裁、颜值、外表、教养、干净、崇拜、品味、外貌协会、酷、浪漫、仪式感、奢华、情调、实力、大气、面子、多金、优雅、声音、好看、思想、才华、层次。

真爱型

(1) 茫茫人海,一定要找到梦中情人,相信一见钟情。

(2) 不找到真爱,绝不妥协。

(3) 对一些外貌特征特别在意。

(4) 有恋物情结,喜欢高跟鞋、特殊气味、音乐等。

有上面这些特征的亲人,很可能是真爱型的爱情追求。

真爱型的人在爱情中追求:最高奖励(奖品性偏好:愉悦我+性生活满足我)。

家庭记忆是剥夺型的人,当他们走出家庭,进入校园和社会之后,如果在激烈的生存竞争和同性竞争中获得过胜利,比如,情场得意、学业有成、事业顺利等情况,给他们带来了渴望已久的自我肯定。所以在面对爱情追求的时候,他们会有一种强烈的补偿心态,即通过一段完美的爱情,给自己带来更多的自我肯定,来弥补曾经在家庭中爱的缺失,避免人生留下遗憾。在他们心目中,所谓的完美的爱情必须同时满足两个条件——愉悦我(懂我、聊得来、玩儿得来、三观一致)、性生活满足我(外形怎么样、技术怎么样、体力怎么样)。真爱型的人寻找真爱,最大的风险就是时间成本,因为在茫茫人海中,找到所谓的真爱(必要条件一),还能够在一起(必要条件二),这样的概率是比较低的。即使有时间成本,但追求真爱的人,内心始终有一个声音在说服着自己——人生苦短,不能留下遗憾。

关键词:爱、等待、期待、世界上、一个人、一辈子、你、茫茫人海、人生苦短、遗憾、得之我幸、失之我命、无怨无悔、这世界、此生无憾、寂寞、激情、勇敢、勇气、冲动、一见钟情、怦然心动、有生之年、刻骨铭心、伤痕、执着、一次就好、一生有你、世界末日、念念不忘。

封闭型

(1) 不知道自己真正想要什么,选择对象时有一种随便凑合的感觉。

（2）对爱情没什么信心，不相信自己还能遇到爱情。
（3）在关系中不会付出感情。
（4）习惯长时间单身，觉得恋爱是负担。

有上面这些特征的亲人，很可能是封闭型的爱情追求。

封闭型的人在爱情中追求：没有特定追求，甚至直接放弃。

家庭记忆是剥夺型的人，当他们走出家庭，进入校园和社会之后，遇到激烈的生存竞争和同性竞争，导致恋情挫败、学业受挫、事业不顺等不太顺心的情况，存在感被进一步地剥夺，自我否定更加严重。这时候，在恐惧、压抑等负面情绪的主导下，他们有可能出于自我保护的目的，关闭和外界情感连接的通道，也就是丧失了同理心，把自己封闭起来。表现在爱情方面，就是丧失了爱情的信心和动力。在这种状态下，他们长期心情压抑，难以找到自己的兴奋点，很难去爱上一个人，习惯性地回避爱情，不相信自己能够得到爱情。如果他们迫于外界压力（父母、经济）走入一段关系，也是采取一种随遇而安的态度。这类人走出困境的方法：

首先，不要困在恐惧和焦虑的保护壳中，要培养自己的同理心，多和外界形成情感连接，主动表达自己的情绪和情感。

其次，要拿出勇气，建立自我肯定的行为模式——不违背内心的事情、勇敢改变自己的事情、对别人有帮助的事情、有追求有远见的事情、坚持到最后的事情，这些事情只要去做了，都会增加对自我的肯定，对生活越来越有信心。

关键词：无奈、孤独、心死、心灰意冷、体无完肤、不相信、冷漠、无助、怀疑、抗拒、抑郁、恐惧、焦虑、痛苦、怀疑自我、独来独往、存在感、自我肯定、自我否定、自卑、渴望自信、认同、寒夜、漂泊、脆弱、放弃、悲凉、单身万

家 庭	社 会	感情追求 (择偶标准)
满 足	有存在感	虚荣型（优秀的）
	没存在感	实用型（体贴的）
剥 夺	有存在感	真爱型（身心愉悦的）
	没存在感	封闭型（凑合的）

岁、恋爱恐惧症、恐婚症、折磨、排斥、自由、无拘无束、逍遥、一个人挺好、随遇而安、凑合、玻璃心。

六
获得人生幸福的黄金法则

请思考这是为什么

(1) 我只要有车有房就是幸福生活。
(2) 我老婆只要漂亮就行了。
(3) 至少他对我是真心的。
(4) 生活有柴米油盐就行了。
(5) 找老婆,能过日子就行。
(6) 以上几种情况,都是在压抑自身需求。最终结果只有一个——自己不满足。

(1) 不管我做什么,对方都会爱我。
(2) 只要以后有了钱,老婆就会乖乖的了。
(3) 只要我坚持对她好,她就会感动的。
(4) 他会为我改变一切的。
(5) 我很了解他,一切尽在我控制中。

以上几种情况,都是在忽略对方需求。最终结果只有一个——对方不满足。

奖品交换

两性关系的本质就是奖品交换。奖品交换类似于原始社会的以物换物，是需求交换，而不是价格交换，不可能完全公平。就好比用一把斧子交换一头羊，只要双方都满足了需要，都认可了交易，就是成功的交换，谁赚了谁赔了是说不清的，没有衡量的标准。男性为女性提供奖品，同样的，女性也为男性提供奖品，这构成了两性关系的基础。没有奖品交换的两性关系是不持久的。

奖品交换到底在交换什么呢？就是互相满足对方的存在感，让对方感觉我有价值、我很重要、我被需要。

有的亲人们在恋爱中，会受一些错误心态的影响，主要是没有理解两性关系的本质。这是很多情感挫折和迷茫的主要原因。

（1）投机心态：少付出，多得到。不论男性还是女性，都希望从对方身上得到奖品，这种想法是很正常的。但是，有的亲人们在还没有为对方付出奖品的情况下，一上来就希望从女性身上索取奖品，希望女性给自己愉悦、关心、肉体等等，而不去想想自己能给对方提供什么。在两性关系的互动中，男性是引领的一方，女性是被引领的一方。所以男性先要成为女性的奖品，女性才会投入你想要的奖品。

例：有的男生一认识就想跟女生确立关系，在女生看来，她还没有发现男生的奖品性，男生的行为无异于空手套白狼。

（2）吃亏心态：怕吃亏，不想付出。试图去精打细算感情中的投入与回报，比如，对方不付出我就不付出；投入一定要看到回报；在感情生活中斤斤计较；在需要直面问题的时候，逃避责任、逃避付出。在两性关系中，如果双方都有吃亏心态，那奖品交换就不成立了，关系必然破裂；如果一方有吃亏心态,他就会表现得斤斤计较、逃避问题,经常让对方失望,使关系经常处于矛盾之中,或者关系破裂。

例:两个人吵架,不论谁对谁错,谁都不愿意让步,认为谁先低头谁就输了。

幸福生活的基石

一个脚有残疾的女孩子,嫁给了一个手有残疾的男孩子,他们在生活的路上互相鼓励、惺惺相惜,找到了人生的幸福。

女生终于找到了成功人士,住别墅、开豪车、花不完的钱,但是成功人士整天忙得家都不回,女生没有找到幸福。

幸福是什么呢?幸福就是人在两性关系中持续获得满足感(我有价值、生活有意义、人生更圆满)。

满足的关键词:兴奋、快乐、甜蜜、精力充沛、感激、感动、自信、乐观、陶醉、欣慰、平静、放松、自在、舒适、安全、温暖、踏实、振作。

不满足的关键词:恐惧、担心、抑郁、焦虑、紧张、伤心、气馁、生气、失望、绝望、悲观、不耐烦、困惑、茫然、孤独、寂寞、郁闷、麻木、疲惫、沉重、无精打采、尴尬、内疚、妒忌、遗憾、苦恼、讨厌。

我们说,两性关系的本质是奖品交换。男性为女性提供奖品,同样的,女性也为男性提供奖品,这构成了两性关系的基础。奖品交换就是互相满足对方的存在感,让对方感觉我有价值、我很重要、我被需要。没有奖品交换的两性关系是不持久的。所以,一段两性关系要保持持久、稳定、快乐,必须以两个人需求的相互满足为基础,这是构建幸福生活的基石。满足什么呢?满足各自对奖品性的需求——可控性、愉悦、关心、解决问题、性生活、面子、花钱。

我们给大家提供了一份科学评价两性生活的《幸福量表》(见附录),它可以显示两性生活的幸福程度,也可以准确描述影响幸福的关键问题。

幸福生活两大模式

幸福就是人在两性关系中持续获得满足感(我有价值、生活有意义、人生更圆满)。不同类型的人对幸福生活的选择是不一样的,本质上是选择体验了不同的存在感。

有的人更看重幸福生活的持续稳定,选择体验生活存在感——两性在生活中互相帮助、互相需要,让各自持续感觉到自己被渴望、被需要和不可替代,具有更强的稳定性。

(1) 平平淡淡:平平淡淡才是真,不需要太多的形式,也不要太刻意的点缀,两个人互相陪伴、互相照顾,融入对方的生活与生命之中,重点是日子踏实稳定。

关键词:平平淡淡、家、小房子、买菜、市场、做饭、家务、陪伴、看书、沙发、父母、柴米油盐、安静、在家门口散步。

有的人更看重满足感的体验程度,选择体验性对象存在感——找到优秀的性对象,证明自己在同性竞争中胜出,越优秀的性对象,体验到的存在感越强烈。

(2) 有滋有味:丰富多彩的生活。日子要过得有滋有味、有仪式感,要能体验生活中的新鲜、刺激、品味、情调,不能太随便、太平淡。

关键词:兴致、甜蜜、情调、红酒、看风景(大海、日出)、惊喜、精致的生活、说不完的话、情侣装、好朋友、最美的年华、最好的时光、爱情、灵魂伴侣、电影、床、在浪漫的地方散步。

幸福的张力效应

幸福的张力效应是指,某个人的思维习惯可以让瞬间的幸福感放大与持续,进入更满足、更持续的幸福状态。人在感情生活中,多次体会到快乐、满足之后,随之产生大量的正面联想,对感情生活中的人、事、物赋予了各种各样美好的意义和独特的价值,最终体验到存在感,即我有价值,我很重要,我被需要。这就是张力效应产生的心理机制。

幸福的张力效应是感情生活的膨化剂,没有幸福的张力效应就没有持续的幸福状态,只剩下短暂的心动和激情。激情后的空虚、心动后的紧张,主要就是没有发生幸福的张力效应。幸福的张力效应具有点石成金的效果,可以把平凡的人、事、物,变得美好和持久,可以让人肯定自我,感觉到生活有价值、有意义,人生更圆满。

例:给我烤肉的是我的妻子,温柔贤惠又善良,我很好满足的,我觉得我的婚姻很幸福,这些都是我不曾幻想过的礼物。

看到自己可爱的宝宝,联想到这不仅是一个生命,更是我们爱的果实,我们爱的最好见证,在我们百年后也会存在的见证。

我当时就在想,以后的生活不论是顺境还是逆境,一定要记住此时此刻的心情,用不操蛋的态度对待操蛋的人生,把期望值降低降低再降低,从最低点去感受人生的幸福。

在同等条件下,同样是吃了老婆一顿饭,为什么有的人发生了强烈的张力效应,感觉到了满满的幸福,而有的人呢,只是觉得吃了一顿饭。

发生张力效应的那个人,他在用正循环思维。

我是值得被爱的——因为我爱我老婆,对她很不错——我老婆也很爱我——这顿饭是爱的回报——所以我是值得被爱的。

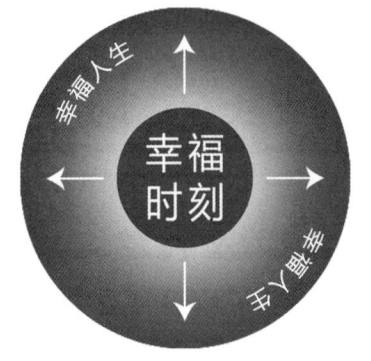

没有发生张力效应的那个人,他在用负循环思维。

我不值得被爱——我不知道我对我老婆算不算爱——我也不知道我老婆对我算不算爱——这顿饭就是一顿饭——她做饭是在履行她的义务——这不意味着她爱我。

显而易见,内心底层对自我做出肯定的人,更容易发生幸福的张力效应;对自我做出否定的人,很难发生幸福的张力效应。反过来说,我们也可以通过一个人是否容易发生幸福的张力效应,来判断他的内心底层是自我肯定还是自我否定。

匹配

盲目的选择=不幸福的开始。选择大于努力。幸福生活是基于双方需求的相互满足,所以,很多不幸福的生活,都是因为在选择的时候受到了客观条件的影响,从而压抑或忽略了双方的需求。也就是说,未来幸福与否,选择的时候就已注定,什么样的选择,注定了什么样的人生。

选择为什么那么难呢?因为幸福的匹配机制非常复杂。至少要弄清楚三个问题:我的爱情追求是什么?她的爱情追求是什么?两人奖品性的短板是什么?这也是姿态恋爱学真正的意义所在,知道了一个为什么,解决了更多的为什么。

(1)实用型的匹配模型

实用男+实用女:两人都想成为生活的中心,都想让对方伺候自己,在家务、责任等问题上难免出现互相推诿,匹配有障碍。

实用男＋虚荣女：如果男的比较优秀，女的愿意根据男的优秀程度，提供相对应的关心和照顾，过上有滋有味的幸福生活。

实用男＋真爱女：如果男的是女的真爱，女的自然愿意献身，为男的提供关心和照顾，过上平平淡淡的幸福生活。

实用男＋封闭女：封闭型的女人不知道自己真正想要什么，两人谈不上幸福匹配；如果封闭型的女人在事业或爱情中找到自信，变成了真爱型的女人，那就遵循"实用男＋真爱女"的匹配模型。

（2）虚荣型的匹配模型

虚荣男＋实用女：如果女的比较优秀，男的愿意根据女的优秀程度，提供相对应的关心和照顾，过上有滋有味的幸福生活。

虚荣男＋虚荣女：如果双方都很优秀，过上有滋有味的幸福生活；如果一方不够优秀，另一方就会施舍，甚至结束关系。

虚荣男＋真爱女：如果女的很优秀，并且男的是女的真爱，过上有滋有味的幸福生活；如果男的表现出太强的优越感，会让女的很反感，产生大量矛盾。

虚荣男＋封闭女：封闭型的女人不知道自己真正想要什么，两人谈不上幸福匹配；如果封闭型的女人在事业或爱情中找到自信，变成了真爱型的女人，那就遵循"虚荣男＋真爱女"的匹配模型。

（3）真爱型的匹配模型

真爱男＋实用女：如果女的是男的真爱，男的自然愿意献身，为女的提供关心和照顾，过上平平淡淡的幸福生活。

真爱男＋虚荣女：如果女的是男的真爱，并且男的很优秀，过上有滋有味的幸福生活；如果女的表现出太强的优越感，会让男的很反感，产生大量矛盾。

真爱男＋真爱女：如果双方互为真爱，这就是电影里的完美爱情。

真爱男＋封闭女：封闭型的女人不知道自己真正想要什么，两人谈不上幸福匹配；如果封闭型的女人在事业或爱情中找到自信，变成了真爱型的女人，那就遵循"真爱男＋真爱女"的匹配模型。

（4）封闭型的匹配模型

封闭男＋实用女：封闭型的男人不知道自己真正想要什么，两人谈不上幸福匹配；如果封闭型的男人在事业或爱情中找到自信，变成了真爱型的男人，那就遵循"真爱男＋实用女"的匹配模型。

封闭男＋虚荣女：封闭型的男人不知道自己真正想要什么，两人谈不上幸福匹配；如果封闭型的男人在事业或爱情中找到自信，变成了真爱型的男人，那就遵循"真爱男＋虚荣女"的匹配模型。

封闭男＋真爱女：封闭型的男人不知道自己真正想要什么，两人谈不上幸福匹配；如果封闭型的男人在事业或爱情中找到自信，变成了真爱型的男人，那就遵循"真爱男＋真爱女"的匹配模型。

封闭男＋封闭女：两个人都不知道自己真正想要什么，缺乏匹配的条件。

七
体验驱动：如何做一个强大的男人

本能驱动型

考个好大学、找个好工作、娶个好老婆、生个好孩子；让孩子考个好大学、找个好工作、娶个好老婆、生个好孙子……我是谁？生命的意义在哪里？

每天早上起床、吃个早点、上班、下班、堵车、回家做饭、看一个小时电视、洗洗睡了……我是谁？今天的意义在哪里？

钱总是不够花、工作和感情也不是太顺心、身体越来越不好、干什么都没劲、激情越来越少，感觉生命在枯萎……我是谁？活着的意义在哪里？

在人生的某个时刻，很多人突然发现，生活原来是一潭死水，一天天、一年年地简单重复，不知道意义在哪里。为什么会有这种感觉呢？因为这是一种本能驱动型的活法。

动物的三大本能是生存、安全、繁衍。本能驱动是指，生活和生命的轨迹都围绕着这三大本能在运行。生活中，所有的行为和目标都指向这三个动物本能。在这样的生活框架里，追求什么生命的意义、人生的价值、情感的体验,都是没用的。因为激烈的生存竞争告诉我们:生活很艰难、到处充满危险、肉体活着比精神活着更重要。而这些观念都是我们去追求人生价值、情感体验的最主要的障碍。

在本能驱动型的生活轨道上,最大特点就是急功近利。很多时候,迫于生存思维的压力,我们会做一些不可思议的事情:

为了活着可以不要尊严,

为了稳定可以放弃追求,

为了利益可以放弃原则,

为了竞争可以不择手段。

这些事情虽然可以给人们带来短期利益,看似满足了生存、安全、繁衍的本能需求,但它们潜移默化地剥夺人们的存在感——我有价值、我很重要、我被需要,最终让人否定自己、怀疑人生。

当人们长期处于自我否定的状态中,就会降低自尊、拒绝独立思考、没有选择的勇气、迷失自我,我们称之为人格不够独立。也就是说,没有真正属于自己的人生轨道。

体验驱动型

在激烈的生存竞争过程中,我们都想得到更多、活得更好。但是本能驱动型的急功近利的做法,往往会取得适得其反的效果。因为本能驱动型的生活轨道会让人降低自尊、拒绝独立思考、没有选择的勇气、迷失自我,最终导致人格不独立,这很难让我们得到更多,活得更好。

是否还有别的方法,可以让人活得更精彩、更饱满?

勇敢地接受现实,勇敢地追寻梦想……我想知道我是谁,我能做到什么?

早餐是白色的,工作是蓝色的,兴趣是绿色的,爱情是紫色的,生活是五颜六色的……上帝唯一公平的就是给了我们每天 24 小时。

别人看到了黑夜,我看到了风景;别人看到了困难,我看到了机会;别人看到了平凡,我看到了价值……我有自己的眼光和视野,我看到了不同的意义。

当我们允许自己以这样的方式去生活的时候,我们主动突破了生存本能带来的负面情绪——恐惧和压抑,放弃了那些急功近利的思维模式,以更从容、更真实、更和谐的姿态生活,能够体验到生活的意义、情感的滋味、爱的力量、人生的价值,我们把这种价值观称为体验驱动型。

在体验驱动型的生活轨道上,最大特点就是注重过程。注重过程不代表不关注结果,而是更关注过程中的体验与收获。在他们看来,享受过程本身就是生活的本质,过程代表了时间,代表了生命的流逝,所以他们会把复杂的事情变得很简单。

人生的目标不是得到最终的结果,而是活成什么样的人,体验就是人生最大的收获。

坚持内心的追求,不被短期利益和负面情绪干扰。

更关注时间的价值——某一段时间对自己意味着什么。

珍惜每一个瞬间、每一个缘分、每一个值得爱的人。

在体验驱动型的思维模式下,人会更倾向于寻找自我的价值、生活的意义,能够不断获得存在感——我有价值、我很重要、我被需要,不断对自我进行肯定,让人生更有意义。

当人们长期处于自我肯定的状态中,就会提升自尊、独立思考、有前进的目标、有选择的勇气,我们称之为人格独立。也就是说,拥有真正属于自己的人生轨道。

时间的本质

对每个人而言,没有注入个人情感体验的时间,是没有意义的,那只是表上的一个刻度而已,只能证明我们曾经活着。那什么样的时间才是有意义的呢?注入了个人情感体验的时间,才对每个人的生命产生了意义。那什么叫注入个人情感体验呢?

你拥有过刻骨铭心的爱情吗?

你做过哪些让自己真正自豪的事情?

你勇敢地追求过自己的理想吗?

你有没有为了自己喜欢的事全心全意投入过并且坚持到最后?

你有没有真切地感受过别人需要自己?

只有这些真实的情感体验,才会让自己觉得人生有价值,生命有意义,才会让人生更圆满,让遗憾远离我们的生活。

但时间的短暂超乎了我们的想象,一天、一年、一生,好像就是弹指一挥间——说这句话的时候,我们只是借用了一句即将走完人生的感叹。当我们站在时间的终点回望人生的时候,我们发现,年轻时忽略时间、浪费时间、放弃体验是人生最大的遗憾。

我们来做个游戏,如果人能活80年,那我们闭上眼睛想一想,今年的春节和去年的春节间隔有多短暂,再用这个短暂的感觉乘以80,就是我们人生的长度,不会再多了。当我们清醒地意识到时间对每个人都是公平的,都是吝啬的,从那一刻开始,我们才可能突破本能驱动型的思维模式,建立起体验驱动型的价值观。

我们继续做游戏,在这个短暂的时间段里,你准备留多少时间享受亲情和爱情,留多少时间来追求事业和梦想,留多少时间来体验世界的广阔。不做这些事情,我们的生命毫无意义;想做这些事情,时间是如此有限。唯有变成体验驱动型的人,才能成为时间的主人,让人生有意义。

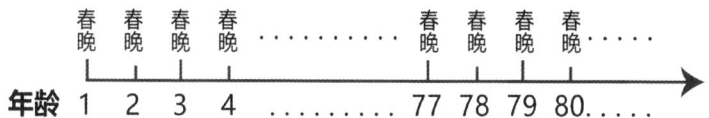

生命的张力

人生,就是一场旅行,最重要的是沿途的风景。所以,请珍惜每一天的生命体验。体验驱动型的人毕生在追求生命的张力。生命的张力就是让人生变得丰富多彩,充满了各种各样的可能性,这是一种生命的状态。

在体验驱动型的人生之中,会出现什么样的可能性呢?

更好的人:体验驱动型的人有独立的人格,更从容、更真实、更和谐,这些人格魅力会让他们自带吸引力——不论对同性还是异性。

更好的事:体验驱动型的人不急功近利,有梦想和追求、有选择的勇气,能碰到更多的机会,也有能力去把握机会,所以他们更容易成功。

更好的体验:体验驱动型的人更关注时间的价值和意义,珍惜每一个瞬间、每一个缘分、每一个值得的人,所以他们能获得更好的生命体验——更快乐、更自在、更满足。

更好的自己:体验驱动型的人尊崇自己内心的真实感受,不恐惧、不压抑、不焦虑、不计较、不逃避,所以他们在内心里更肯定自己,他们的人生更圆满。

当我决定真正地体验人生,我就开始确定了。我不确定最后是否能够成功,我确定的是,在此时此刻——

我听见了内心的声音;
我珍惜了每一个缘分;
我付出了真心和努力;
我战胜了恐惧和压抑;
我发现了生命的价值;
我肯定了自己;
我不用确定,最后是否能够成功。

第 2 章 魅力建设

两性关系的游戏规则是什么？性吸引力是如何产生的？男人高价值的证明是什么？哪些优秀品质让女人好感顿生？如何给女人提供愉悦价值？如何打造让人印象深刻的完美型男？如何展示有魅力的肢体语言？

只有理解了这些问题，我们才能根据自身特点，科学地进行魅力建设，打造自己的独特价值和比较优势，在激烈的同性竞争中脱颖而出。

一
雄性领袖特征：性吸引力是如何产生的

请思考这是为什么

(1) 为什么猴王身边围满了母猴子？

(2) 为什么成功男人身边总是围着女人？

(3) 为什么女人讨厌男人猥琐？

两性关系的基本游戏规则

谁稀缺谁被追逐，这就是两性关系的基本游戏规则。相比雄性，雌性的繁育资源更为稀缺，雌性繁育的平均成本比雄性要高得多（例如：人类女性繁育需要两年，男性只需要10分钟，我们说的是平均时间，大家都懂的）。所以，在自然界，雄性为了获取生育的机会，不得不对雌性资源施展追求、讨好、献媚等十八般武艺。亲人们，你们看到女生会情不自禁地流口水，主动讨好，这不怪你们，这是男人的本能反应，写在基因里的。

吸引女生的最佳路径

人类是智商最高、社会性最高的动物群体。人类雄性领袖对异性资

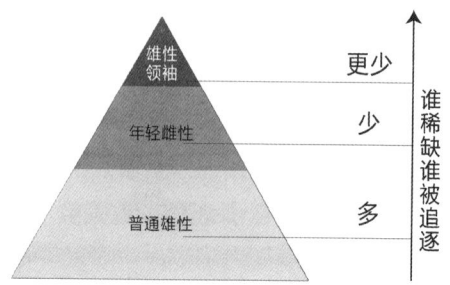

源的吸引与垄断,比起狮群、猴群,只强不弱。听起来是不是很爽?是的,你们没有猜错,获得雄性领袖般的性吸引力,这就是亲人们努力的方向。

对女性来说,放弃普通雄性的追求,转而选择更有挑战的雄性,虽然有点儿辛苦,但是一旦成为王的女人,福利还是很优厚的。

(1)先说点儿实际的,选择了雄性领袖,意味着可以得到更多的奖品:更好的基因、更强的保护、更优质的资源、更体面的生活等等。

(2)满足了女性对强者献身的渴望,获得强烈的存在感,体验到人生的圆满。

雄性领袖特征

在自然界,雄性领袖是建立在暴力基础上的实际群体领袖。人类进入现代社会之后,强调非暴力、人权平等、法律平等。在人类社会中,除了极少数真正的领袖,大多数人只是一介平民。相比动物世界和原始社会,现代人类社会真正意义上的雄性领袖非常稀缺,比美女更加稀缺。那么女性是如何在芸芸众生中选择优秀的男性,满足她们寻找雄性领袖的本能需求呢?她们靠的是,去寻找和发现具有雄性领袖特征的男性。

人类社会的雄性领袖特征,从生存条件、社会地位、行为态度三个维度来说,可以概括为十个特征。

(1) 财富:硬实力的象征,生存的基础条件。

例:现有的,车、现金、房;潜在的,继承权、事业心、上进心。

(2) 智慧:软实力的象征,发展的基础条件。

例:幽默感,说话有趣、能回应她的笑点;有才华,高学历、吹拉弹唱、能说会道。

(3) 形象:优秀基因的象征,繁衍优秀后代的基础条件。

例:身体条件,高、帅、壮;穿着打扮,品味、搭配。

(4) 名声:社会地位的象征,意味着社会地位的高低。

例:身份,工作和地位光鲜亮丽、高大上;口碑,圈子里的正面评价;出名,明星、名人。

(5) 有市场:社会地位的象征,意味着个人对周边环境的吸引力和影响力。

例:异性,受异性欢迎;朋友,有几个对自己好的哥们儿;工作,同事、上级、下属、合作伙伴;家族,家里有发言权。

(6) 自信:意味着雄性领袖的自我肯定。

例:有主见,有想法、能抉择;肢体,挺拔的身姿、放松的状态、坚定的眼神、果断的行动;语言,直接表达、坚定语气。

(7) 勇敢:意味着安全感。

例:冒险精神,敢于接受挑战;承受压力,能在压力下保持正常。

(8) 攻击性:意味着有权威。

例:同性,对有敌意的同性主动打压;异性,对感兴趣的异性主动挑逗。

(9) 控制力:意味着有秩序。

例：自我控制，情绪、行为、时间、衣着状态；对情况的控制，突发情况、对周边的人、环境状态；认真严谨，做事认真、态度严谨、注重细节、专注。

（10）责任感：意味着雄性领袖会付出。

例：为人靠谱，说到做到、走心；利他意识，能站在他人立场考虑问题、关心他人、同情弱者；牺牲精神，必要情况下，可以牺牲自我的利益。

亲人们，了解了雄性领袖特征，我们发现，这些特征有的是客观存在的硬实力，有的是认知方面的软实力。也就是说，通过学习、理解、练习，每个人都可以根据自身条件，具备更多的雄性领袖特征，拥有更强的性吸引力。

通过学习，我们知道雄性领袖特征是现代社会男性的性吸引力根源，这才是女性眼中真正的价值。当我们知道了真相，拥有了认知，自身的魅力建设就有了清晰的目标和解决方案。在和女性的互动过程中，我们所有的思维方式和行为举止不再是盲目和无力的。这就是姿态恋爱学对于两性互动最基本的指导原则。

引领者

牵你手，带你走。女人都向往这样一个男人，引领着自己去享受生活、解决问题、丰富人生、走向幸福之路。在两性关系中，男人是主动的一方，女人是被动的一方。所谓的主动，不仅仅包括对女人态度的主动，还包括主动做出决定、主动承担责任、主动解决问题。所以，男人应该做女人的引领者。在这样的状态下，女人才会感受到安全、舒适、充满希望。

（1）你是有方向的人。你清楚地知道自己该干什么，不该干什么，知道怎么做对两个人或者家庭才是最有利的。让女人指出方向是很无能的。

例：么么哒是位美丽的职业女性，最近想跳槽，就去咨询男朋友无能先生的意见。无能先生想了半天，给不出任何有用的建议，么么哒只好去咨询自己的大学同学牵易先生。牵易先生思路清晰、分析到位，给么么哒指明了职业方向。么么哒心跳漏了半拍，没过多久就跟无能先生分手了，选择了牵易先生。

（2）你是领头那个人。不管是遇到困难，还是面对挑战，你是走在最前面那个人。让女人走在最前面是很猥琐的。

（3）你是敢做决定的人。在面对抉择的时候，你会征求女人的意见，但你一定是最后拿主意的人，并且能为自己的决定承担责任。把做决定的难题抛给女人，是懦弱的表现。

例：么么哒想和牵易先生结婚，牵易先生的家人有意见。但牵易先生顶住家庭的压力，坚决和么么哒结婚了。么么哒心想，5年的等待是值得的。

（4）女生在你的引领下，能找到参与感和存在感。在前进的路上，对方始终感受到自己的价值，主动参与。忽视对方的存在，是大男子主义。

例：牵易先生要创业做情感培训项目，女朋友么么哒全心全意支持。一个主外一个主内，奋斗5年，最后公司上市了。牵易先生带着么么哒周游全中国，走向了幸福之路。

二
姿态：男人高价值的最佳证明

请思考这是为什么

(1) 有些同学一看见心动的女生,骨头都软了,说话结结巴巴。
(2) 跟女生约会去吃饭,表情凝重地看着菜单,算了好几分钟菜价。
(3) 女生开个玩笑,都紧张地不得了,猜半天女生心思。

什么是姿态

同样都是鸟类,麻雀使足了劲扑腾,既飞不高,也飞不远,姿势不优雅,画面还不美观。但是我们看雄鹰,偶尔扇两下翅膀,飞得又高又远,永远的从容淡定、姿态潇洒,而且气场强大,充满了魅力。如果你是女人,麻雀和雄鹰是两个男人,你选谁？答案我们都懒得说了,我们就说麻雀和雄鹰这两个男人,如果身高一模一样,最大的差别在哪里吧,在于姿态。那什么是姿态呢？顾名思义,姿态就是在两性接触中,男人的价值、内涵、品质以什么方式呈现出来。简单说,在女人眼中,如果给男人打 100 分,姿态就是 1,其他东西都是后面的 0。没有 1 的存在,再多的 0 也没有用。如果一个男性能表现出雄性领袖姿态,他身上的许多特征会被女性合理化,引发大量的正面联想,唤醒了女性内心的向往。姿态对男性魅力的影响与作用,再怎么强调都不为过。那么姿态具体指什么呢?

(1)男生面对女生的态度。男生面对任何女生,不论美丑、穷富,都表现得淡定从容、沉稳大气、真实自然。

例:唐僧去西天取经,一路上什么也没干,却征服了玉兔精、白鼠精、孔雀精、蝎子精等各路美艳性感的女妖,基本上男妖怪都想吃掉唐僧,女妖精都想和唐僧滚床单,看得猪八戒捶胸顿足,羡慕得要死。主要原因就是唐僧姿态控制得好,自信、淡定、不卑不亢、侠骨柔肠四条全中。

(2)男生处理问题的方式。出现任何问题,勇敢面对、冷静处理、公平对待,必要的时候能展现献身精神。

例:年轻时的郭靖是个屌丝,没什么气场,面对女生的态度也不是那么潇洒美观,但是人家处理问题的方式到位,姿态高、反响好,照样把白富美黄蓉死死拴住、彻底征服。

大家都看过奥运会体操比赛,除了各种高难度动作,几乎所有的目光都聚焦到运动员落地那一瞬间,是否能够四平八稳、动作优美、保持正确的姿态。这个现象告诉我们,姿态的难点不在于理解其意义,而在于在任何情况下,都能够稳定地保持住正确姿态——淡定从容、真实自然、沉稳大气、直面问题。亲人们,大家都想做雄鹰,不想做麻雀,谈毛是没有意义的,魅力优先、姿态优先。

男性常见的五大错误姿态

功利主义正是人们在爱情中不快乐、不幸福的源头。在女生的内心里,讨好的男生相当于乞讨,急迫的男生相当于抢劫,装逼的男生相当于欺骗,计较的男生太闹心,逃避的男生不可依靠。

（1）讨好（代表人物——泰迪）：有的男生一接触到心仪的女生，立刻把姿态抛到了九霄云外，对女生拼命地献媚、跪舔，一脸讨好的表情，各种附和赞美，需求感很强烈，让女生感觉来者不够级别，没有挑战性。献媚讨好的原因，要么是男生把自己看得太卑微，要么是带着投机心态。所以，自信和不卑不亢的态度，会让女生觉得这是一个高价值、有市场的男人。

（2）急迫（代表人物——哈士奇）：有的男生在和女生的接触中，不分环境、不看时候，乱打一通。比如，刚认识就晒价值、开条件、猛烈进攻，显得急不可耐。大多数情况下，面对这种突如其来的猛烈进攻，要么让女生觉得男生是花心大萝卜，要么让女生觉得男生根本不懂女生想要什么。所以，在任何情况下，不管女生多么有魅力，不管男生内心多么躁动，都要稳住气场，保持一个淡定的姿态。在女生眼里，这才是高价值男生应有的状态。

（3）装逼（代表人物——孔雀）：有的男生在和女生的接触中，企图靠硬装出来的样子去欺骗女生、唬住女生，例如，炫耀、装高冷、说话装腔作势等等。对于身经百战的美女来说，你在伪装过程中的蛛丝马迹是逃不过她们法眼的。一旦被识破，就会以最快的速度归入低收益文件夹，很难翻盘。所以，保持正确的姿态，不代表故作姿态。真实、自然的表现，才会让女生感觉如沐春风、魅力四射。

（4）计较（代表人物——铁公鸡）：有的男生在和女生的接触中，显得毫无气度、斤斤计较，比如，为了3块钱停车费，讲价10分钟；为了一件小事，生3个月闷气。在女生眼中，这样的男生是毫无作为的，而且相处起来非常累，毫无姿态可言。

（5）逃避（代表人物——鸵鸟）：有的男生碰到点儿事，只要是难题，就主动回避,比如,回避沟通、回避责任、不到最后关头不去面对。一个主动去发现问题、解决问题的男人,会让女生感觉到十分强大,可以放心托付。

如何面对打压

在两人关系不熟悉的阶段,女生会习惯性地对男生进行打压,方式包括:不理会、不配合、否定、质疑、讽刺等等。亲人们的小心脏,在这种重火力面前,被打得千疮百孔、支离破碎,产生了严重的挫败感,甚至自卑。其实,女生喜欢打压男生是本能反应。这是为什么呢?一方面,女生天生把自己当作男生的奖品,总是想建立两性关系的主导权——我更重要、我说了算,所以,女生经常显得高高在上;另一方面,女生有投资人心态,潜意识的目标是找到真正强大的男人,会本能地对男生进行各种各样的测试、刁难、挑战。亲人们的小心脏,就这么不知不觉地受伤了。面对女生的打压,该如何从容应对,化被动为主动呢?

口诀一:不要情绪对抗!不要情绪对抗!不要情绪对抗!老师还是

不放心,再大声跟亲人们喊一句,永远不要跟女生情绪对抗!当女生否定或质疑男生的时候,如果男生针锋相对、据理力争,会显得自己毫无价值。男人的使命是去社会上竞争取胜,而不是跟女人斤斤计较。女人是情绪化的动物,男人要做的是调动和引领女人的情绪,而不是被女人的情绪领着走,女人要找的是个自信幽默的引领者,而不是闹心的小跟班儿。

　　口诀二:这是一个机会!这是一个机会!这是一个机会!试问,天底下还有什么事情,比别人质疑自己的时候,更能展现自我价值呢?当女生否定或质疑男生的时候,如果男生顺利通关,女生会对男生刮目相看,兴趣直线上升,甚至心跳漏个一拍半拍什么的;如果男生知难而退,或者恼羞成怒、姿态全无,女生也会对男生刮目相看,变得毫无兴趣。那要如何抓住机会呢?女生的打压,无外乎不理会、不配合、否定、质疑、讽刺等,又不会冲过来咬你,亲人们不要害怕,保持姿态,兵来将挡,水来土掩。如果男生能快速反应,把这些打压统统化解为快乐的气氛、含蓄的赞美、勇敢的自嘲、大胆的挑战,这些东西都能展示男生的雄性领袖特征——智慧、自信、勇敢、控制力等。

如何面对诱惑

　　人在面对诱惑的时候,往往就失控了。尤其是男生碰到喜欢的女生时,大脑就被别的东西接管了,情绪、行为都容易失控,一个失控的男生何来魅力可言?首先,我们需要明确一个概念,两性之间的诱惑是什么?是在某些因素的诱导下,一方对另一方产生强烈渴望。亿万年来,在雄性眼中,雌性的繁育资源是最大的诱惑,根本不需要把持,飞蛾扑火,看见就上,在普通雄性眼中,满眼都是诱惑和机会。但在雄性领袖看来,雌性的繁育资源也应该谨慎地选择,从中筛选出优秀的基因。在雄性领袖眼中,异性的诱惑是需要鉴别和筛选的,这种心态类似于美女挑选男人的心态。所以,当两性接触、面对诱惑的时候,雄性领袖表现出来的姿态更倾向于沉稳与可控,大多数时候,玩儿性冷淡风。

情况一:看到心仪的女生。

普通雄性:内心焦虑,患得患失,表现得很饥渴,两眼冒光,讨好、献媚、猛烈进攻。

雄性领袖:内心喜悦,淡定超然,表现得友好,不卑不亢,收放自如(两眼不要冒光,一点儿饥渴的、欲望的、攻击性的光都没有,这是高价值名片)。

情况二:可以占女生便宜时。

普通雄性:不放过任何一次占便宜的机会,甚至主动去占女生便宜。

雄性领袖:对占便宜这事儿不感冒,不仅不乘人之危、趁火打劫,还主动英雄救美。

姿态心法

女生内心里真正渴望的是强者的征服,而不是跟女生计较、被女生影响的弱者。姿态,就是一个男人强大的最佳证明。有姿态的男生在女生眼中,具有无法抗拒的魅力,你拒绝不了他,割舍不了他,也打不败他。亲人们,为了让大家体会到姿态的真正含义,请大家熟记《姿态心法》。当大家在渴望爱情、追求爱情的时候,这个心法会给你无穷的力量,让自己变得更强大、更值得被爱。

从我见到你第一眼开始,我就开始担心了。我不担心最后是否能够得到你,我担心的是,在我跟你相处的每一分钟——

你是否抛却了生活的烦恼，
你是否忘掉了人生的孤独，
你是否产生了瞬间的心动，
你是否感到了刹那的满足，
你是否发现了存在的价值，
你是否拥有了发自内心的快乐。
我不担心,是否能够得到你。

三
绅士风度：做一个让女生刮目相看的魅力男士

请思考这是为什么

（1）约会的时候，说话放肆，让女生嫌弃。
（2）出电梯，女生没走，自己先走。
（3）街上遇到熟人，也不介绍，就把女朋友晾到一边，跟熟人聊个不停。

什么是绅士风度

对女生而言，屌丝的对立面不是有钱，不是土豪，而是有绅士风度。绅士教育最早是由17世纪英国著名思想家洛克提出的，在现代社会，绅士风度已经成为男性所崇尚的高贵的精神面貌、行为习惯、礼仪规范。绅士风度会让女生留下富有教养的第一印象，长期相处比较舒适、比较愉悦，社交场合拿得出手，撑得住门面，关键时刻靠得住，有安全感。绅士风度就是雄性领袖特征的外在表现形式，对女生具有很强的性吸引力。据科学数据统计，男女首次约会，女生如果对男生产生触电和心动的感觉，有50%的概率，是由于男生身上某项绅士风度的行为打动了女生。越是层次高的女生越看重绅士风度,越享受绅士风度。有追求荣誉和高贵的向往,不管有钱没钱,做一个高贵的人,有身份的人。没钱不要称自己为屌丝,有钱不要去演土豪。

(1) 注重礼仪(雄性领袖特征:控制力):言行举止要遵守社会礼仪规范。不懂礼貌,举止粗俗,不考虑别人的感受,会让女生觉得很没面子,鄙视。

例:不对餐厅服务员大吼大叫(数据证明,每100次失败的约会里面,就有两次是因为男生对服务员大吼大叫,导致女生反感。);"谢谢""对不起"这些文明用语经常挂在嘴边;仪容、服装整洁,符合场合要求;遵守餐桌礼仪;跟长辈握手用双手。

(2) 利他意识(雄性领袖特征:责任感):绅士风度来源于中世纪欧洲的骑士精神,强调奉献与牺牲。到了现代社会,奉献和牺牲的表现就是利他意识,在别人需要帮助的时候,主动伸出援手,帮别人解决问题、化解困境,有服务他人的意识和献身精神。自私自利、斤斤计较的人,是很难表现出潇洒、大方的绅士风度的。

例:寒风中,把自己的羽绒服披在女生肩上;捡到钱包,主动寻找失主;公交车上给需要的人让座;大体上雷锋怎么做,学着点儿就行。

女士优先

女士优先是男女社交第一原则。男生的谦让,展示了男生的强大和气度,在女生眼里,这就是魅力。很多时候,只要留一份心,抬一下手,就能给女生提供方便。以小见大,换来的是女生莫名的好感。在这里我们要强调一下,女士优先不是单指女朋友优先,而是男性面对女性时候的基本态度。关键词是让,不是充满心机地去撩骚人家。

例：出行系列（相当大的一个系列，女生心动高发区）：女士下车，男士开车门；出电梯门，女士先行，男士用手挡住电梯门；在马路上行走，男士走在有车辆行驶的一侧；座位紧张，男士主动给女士让座；一个抢着上下飞机的男士，显得十分屌丝。

吃喝系列：点餐的时候，主动让女生先点；饭桌上主动帮女生倒饮料；看电影买了饮料，先帮女士拧开让她先喝；跟女士一起吃饭，一定要等女士吃完了，再表示自己吃完了，否则会显得女士很能吃，后果不堪设想；家里只有一个饼了，让老婆先吃，反正她也吃不了多少，别掰成两半分了，太寒碜了。

铺台阶

铺台阶就是让尴尬变得舒适。铺台阶作为绅士风度的一种举手之劳的行为，看似轻描淡写，却经常给女生带来强烈的心理冲击，引发好感、心动、来电，起到四两拨千斤的效果。

女人天生力量较弱，比男人更容易产生焦虑。在两性关系中，男性是力量较强的一方，当女生处于不舒适状态，尤其是尴尬的境地时，她内心里渴望男性勇敢地为自己解围，让自己回到舒适区。这就是为什么女人总是对男人说，你应该让着我。所以，男人随时随地都应该有台阶意识，出其不意地给女生铺好一个台阶，把她优雅地送回舒适区，出其不意是关键，优雅很重要。比如吵架、女生犯错时，只要你意识到气氛的尴尬，不要跟着女生一块儿焦虑和慌乱，赶快开动脑筋，铺个台阶把她送回舒适区，操作要点就是遇事要冷静。

（1）两个人吵得正凶，男人突然举起巴掌，女：你打呀！男的一巴掌打在自己脸上：我早就看你老公不顺眼了。

（2）两人在微信上吵得特别凶，男：你有种再说一遍。女：你想怎样？男的发了个微信红包，上面写着：我的意思是给我个台阶。

（3）女朋友喝咖啡上网，咖啡浇到笔记本电脑上，把电脑烧了。男：（拍手）真是太好了，从认识你就想把它给换了，我现在给你订一台最新款的。女：要掏钱了，你瞎激动什么？男：以后不用再半夜起床翻电脑了。女：翻电脑干吗？男：（理直气壮）看你前男友照片啊。

（4）高级餐厅，美女打破了一个餐盘，服务员赶快走过来，男：不好意思，我这两天胎气有点重，手有点抖，你赶快打扫一下，该赔多少赔多少。

英雄救美

不管她美不美，当喜欢的女生出现困难的时候，你就要当盖世英雄。像勇敢的骑士一样，坚决的态度，果断的行动，让女生瞬间心动。

女生陷入困境的时候，可能病了，可能工作不顺利，可能人际关系出问题，可能破财了，可能失恋了，这时候女生心理比较脆弱，需要陪伴、照顾、保护、解决难题。按照人的补偿心理，这时候女生从男生身上比较容易找回存在感，缓解困境带来的心理压力。对男人来说，这是突破关系的最佳窗口期，比较容易快速突破，给女生带来非常强烈的心理冲击，引发好感、心动、来电，甚至托付终身。在帮助女生的时候，不要太计较自己的时间、精力、金钱，态度上也不要去寻求对等的回报，这在女生眼里，散发着无穷的魅力。

操作要点1：善于观察，发现女生情绪低谷。

女生陷入困境的情况：大姨妈、生病、受伤或处于危险、工作不顺利、人际关系出问题、失恋、丢东西丢钱包、家里东西坏了、被骚扰、经济危机、家里人出问题、极度疲惫、极度孤独、被欺负、喝醉、迷路、哭了，等等。

女生陷入困境、处于情绪低谷的几个征兆：

① 善于观察细节。比如：提前发现危险、女生反常、话多变得话少、经常发朋友圈突然好几天不发。

② 女生直接发微信倾诉、抱怨、哭诉、求助。比如：最近工作好忙，又累，我都没有时间出去玩了，老是这么忙，唉，我真的好累啊！

③ 在朋友圈抱怨、哭诉、求助。

操作要点2：坚决的态度，果断的行动。

女生处于困境的时候，态度上要主动、坚决、果断、大度、毫无保留、不计得失，不寻求对方的认同与回报。千言无语不如马上行动，不要瞎哗哗，直接采取实际行动、提供实际价值是最好的突破方式。虽然言语上的关心也有一点儿作用，但是对关系突破没有实质作用，以后还很可能成为女生的备胎和情绪垃圾桶。

四
娱乐精神：让男人魅力四射的身份标识

请思考这是为什么

（1）刻板、拘谨、无聊、无趣的男人，总是遭女人嫌弃。
（2）较真、一根筋、认死理的男人，让女人很胸闷。
（3）消极、自卑、胆怯的男人，让女人无视。

为什么要有娱乐精神

娱乐精神一方面代表了男人为女人提供的情绪价值，另一方面代表了男人主动给女人传播快乐的姿态。

很多男生之所以缺少娱乐精神，主要原因是功利主义。功利主义只关注结果，总想直达终点，不能享受过程的快乐。所以在跟女生的互动过程中，很多男生表现得循规蹈矩、呆板木讷、患得患失，在女生的潜意识中，这是一个低价值的男人。男生要想拥有娱乐精神，必须变成情感体验派，主动给女生提供情绪价值，让女生和自己相处的每一分钟，能够拥有快乐——愉悦女生的同时愉悦自己。

做游戏

生活是很平淡、无聊、压抑的,游戏可以让平淡变得有趣,让女生情绪高涨,进入兴奋的状态。能够主动用游戏精神感染女生的男生,是高姿态、高价值的。在雄性领袖眼中,跟女性之间,没什么大不了的事儿。在和女生互动过程中,无论气氛是平淡、愉快、紧张、尴尬等各种场合、各种时候都可以用。在互动的过程中,男生突然展现出游戏精神,会让女生感到很意外,迅速打开冷场或紧张的局面,随之而来产生了放松、开心、高看对方、期待对方等各种各样的心理反应,这种心理刺激多次重复之后,女生会对这一系列的情绪体验产生依赖,俗称上瘾。

要想传递游戏精神,记住两个操作要点就行:

(1)跟女生互动的时候,保持完全放松的状态,要体验和享受两人情绪的起伏,不要绷着自己、不要装腔作势、不要道貌岸然。得先让自己进入角色,才能把女生带入角色。

(2)做游戏需要题材和道具,身边所有有趣的事物都可以成为题材和道具,拿来主义、信手拈来、大胆使用。

例:

女:哈哈哈。

男:终于笑了,加十分,攒够六十,我给你颁奖。

女:你是做什么的?

男:和朋友开了个小公司,卖红薯。

假投降

亲人们,还记得老师在姿态主题中如何告诫大家的吗?永远不要跟女人情绪对抗。当女生否定或质疑男生的时候,如果男生针锋相对、据理力争,会显得自己毫无价值。男人的使命是去社会上竞争取胜,而不是跟女人斤斤计较。女人是情绪化的动物,男人要做的是调动和引领女人的情绪,而不是被女人的情绪领着走,女人要找的是个自信幽默的引领者,而不是闹心的小跟班儿。所以,面对女生的质疑、否定,我们用假投降的方法,既避免了情绪对抗,又保持了姿态。

亮贱

在很多情况下,需要主动放低身段(记住,不是放低姿态),展示亮贱精神,展示男性可爱的一面。亮贱的外在表现是放低身段,内核却是高姿态。勇敢地在女生面前亮贱,以退为进,可以瓦解女生防御心理,在拉高女生情绪的同时,激发她们互动的兴致,让女生更主动,快速拉近两人关系。

操作要点:

(1)豁得出去。不要怕,不要端着,不要患得患失。

(2)亮贱精神是向女生发起进攻的重武器,要跟其他武器(做游戏、假投降等)穿插使用,才能显示出它的威力。

五
攻击性和控制力：打造让人印象深刻的完美型男

请思考这是为什么

（1）参加朋友聚会，没有女生多看自己一眼。
（2）跟女生搭讪，女生打量男生一番，一脸嫌弃。
（3）男生跟女生约会，因为指甲又长又黑，就被女生pass了。

让女人嫌弃的男人形象

女生吐槽榜第一名：留长指甲、黑指甲。

女生吐槽榜第二名：头发油腻、头皮屑、头发凌乱、发型怪异。

以下排名不分先后：皮肤油腻、衣冠不整、衣服脏、衣服皱巴巴、衣服破洞、啤酒肚、拖鞋、身上有异味、有眼屎、有鼻毛、胡子没刮干净、牙齿不干净、金链子。

很多男生，因为有上述的形象特征，就被女生一票否决了。

形象在两性关系中，起着非常重要的作用。作为男生，有的人认为要精致有品位，有的人认为干净整洁就好，有的人认为穿着舒服就行，甚至有的人认为颜值决定一切，穿什么不重要……到底要如何打造有吸引力的形象，众说纷纭、莫衷一是，好像怎么收拾都是对的。作为日常穿着来说，确实怎样穿都是对的，自己喜欢就好。但从两性的角度，打造有性吸引力的形象，是有特定规律的。

女人眼中的万人迷

在两性关系中，女人渴望被男人征服，从征服的方式上，女人对男人的外貌特征分为两种偏好——攻击性和控制力，也可以理解为两个阵营的女人。从进化心理学的角度，攻击性和控制力是雄性领袖最显著的两个特征。攻击性意味着强大的力量；控制力意味着丰富的资源。

控制型偏好：这类女性（实用型、封闭型）不喜欢挑战、不喜欢激烈的同性竞争，喜欢外貌具有控制力特征的男性。男性外貌特征：外眼角低，眼神自信、温暖，鼻头饱满，代表人物梁朝伟。

攻击型偏好：这类女性（虚荣型、真爱型）喜欢挑战、喜欢同性竞争、渴望胜利，喜欢外貌具有攻击性特征的男性。男性外貌特征：内眼角锋利，鼻梁挺直，眼神犀利，代表人物陈冠希。

万人迷——攻击控制型：既有攻击型的特征，又有控制型的特征，代表人物吴彦祖。具有这样特征的男人，最受女性欢迎。这是为什么呢？因为这样的男人传递给女人的性吸引力是多元化的，既象征着强大的力量，又象征着丰富的资源。那我们在形象建设中的关键问题，就是围绕如何展现男性的攻击性和控制力特征展开的。

对于大多数男性来说，不太可能长着一张万人迷的脸。但是，在科学原则的指导下，通过针对性的形象建设，可以打造出万人迷的感觉和气质。那这个原则是什么呢？先根据自己的特点，建立起自己的优势风格，是攻击性为主，还是控制力为主，然后补足对应的方面，锦上添花。

利基市场

但是在变成完美型男之前,先得明确自己的利基市场,并经营好它。利基市场是指,每个人都有自己的形象特征,根据这些特征打造出的专属魅力风格——攻击性还是控制力,就是自己的利基市场。

例:

白领男 A:身材瘦弱、细皮嫩肉、戴着眼镜,他的外形特征不利于打造攻击性,但是他可以通过整洁的衣着、精致的搭配,打造控制力。那么,控制力就是白领男 A 的利基市场。

商务男 B:身材高大、皮肤黝黑,他的外形自带攻击性,他可以通过加强锻炼,保持精干的身形,强化自己的攻击性。那么,攻击性就是商务男 B 的利基市场。

完美型男

想要变成完美型男,光经营好自己的利基市场是不够的。西装革履的 007 很帅,当他拿出一把小手枪打坏人的时候,就更帅了;贝克汉姆一身的文身很帅,当他穿上西装、打上领带就更帅了;钢铁侠小罗伯特唐尼,穿马甲衬衫的时候很帅,当他撸起两只袖子的时候,就更帅了。那种既有控制力,又不乏攻击性的感觉,就是完美型男的秘诀。

我们已经知道,每个男生都应该打造自己形象魅力的利基市场——攻击性还是控制力。想要变成完美型男,就要在利基市场的基础上,展示另一面的魅力元素。

体现控制力的元素:

手表、精致的配饰(领夹、袖扣、胸针)、修身的衣服、身材好、面容整

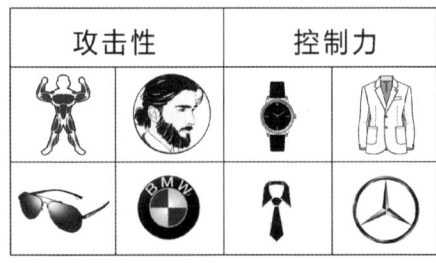

洁、衣服板正、西装革履、白衬衫、干净的鞋、手包、商务轿车。

体现攻击性的元素：

外形粗壮、高大、有肌肉、皮肤黑、文身、墨镜、宽皮带、留胡子、大图案的T恤、运动型汽车、越野车、潮牌。

六
肢体语言：让男人气场强大的秘密

请思考这是为什么

（1）约会的时候，男生一个劲儿抖腿，桌子都开始摇了，女生精神快要崩溃了。

（2）约会吃饭，男生使劲儿吧唧嘴，吃得津津有味，女生胃口全无。

（3）跟女人面对面的时候，抓耳挠腮、逃避眼神接触，表现得很不自信。

让女人嫌弃的习惯性动作

很多男生在初次约会的时候，就被女生很爽快地否定了，俗称见光死。除了外在形象的原因，还有一个很重要的因素，就是大家经常忽略的——肢体语言。在人类发明语言之前的上百万年里，交流都是靠肢体语言完成的。因此，在人类的潜意识中，留存了大量的肢体语言反馈机制。比如，当别人对自己笑，就会感到很放松；当别人对自己握拳，就会感到很紧张。在两性互动过程中，男生的肢体语言，有的能被女生明确意识到，有的只是女生潜意识做出情绪反馈。

女生明确意识到,并且很反感的肢体语言,主要是跟个人素质息息相关的。

女生吐槽榜第一名:抖腿。

女生吐槽榜第二名:吧唧嘴。

以下排名不分先后:挖鼻孔、左顾右盼、外八字、吃得比女生还少、弓腰驼背、猥琐的眼神、唾沫横飞、随地吐痰、动手动脚、缩手缩脚、抓耳挠腮、手忙脚乱、说话含糊不清、兰花指、含着食物说话、动作浮夸、炫耀身上财物(很夸张地看手表)。

有些肢体语言,女生潜意识会产生抗拒,但她明意识并不知道为什么。

(1)带有侵略性的肢体语言:讲话身体前倾、靠太近、全身正对女生、手舞足蹈。这类动作让女生感觉侵略性太强,会让女性启动心理防御机制,莫名地排斥男生。

(2)带有防备性肢体语言:双手交叉抱在胸前、握拳、衣领拉到顶、屋里戴帽子。这类动作让女生感觉防备性太强,缺乏亲切感,在心理上会疏远男生。

(3)带有自卑感:逃避眼神接触、手无处安放、说话音量太小、频频低头。这类动作让女生感觉到男生自卑、低价值,丧失对男生的兴趣。

有魅力的肢体语言

网友自述:炎热的夏季傍晚,火车站放眼望去都是拥挤的人群,他们疲惫不堪,像潮水一样涌向出站口。茫茫人海中,他出现了,两只手拎着行李,背上还背着包,嘴巴叼着火车票,慢悠悠,不慌不忙,气定神闲往前走,没有疲惫,看不出匆忙。就是那一瞬间,我为他怦然心动。

在两性互动中,什么样的肢体语言,才是对女生有吸引力的?在保持自信状态的同时,偶尔展现攻击性,偶尔开放脆弱面。可以说,自信是主菜,攻击性和脆弱面是配菜。把握好这个原则,一个有魅力的男人就跃然纸上了。

主菜:保持自信的日常状态。

例:身体舒展;谈话时,身体后仰靠着椅背;斜靠椅背;斜倚墙壁;走路挺胸抬头;自信地微笑;沉稳地接电话;吃饭的时候,动作优雅;眼球不乱动;淡定地抽烟;

配菜1:偶尔展现控制力。控制力能突显男生的性别优势和独特的能力。

例:干净利索的动作;专注地看着电脑;很潇洒的开车姿势;轻松地提起重物;偶尔看手表;(符合礼仪的情况下)主动握手;

配菜2:偶尔展现攻击性。偶尔的攻击性,可以展示男生的雄性魅力,以及对女生的兴趣。气氛轻松、暧昧的时候,男生可以自然地或顺势地展现一下攻击性,活跃气氛、愉悦女生。

例:有声地吐烟;打闹时的强吻;散步时的公主抱;调情的时候拍对方屁股;眯着眼睛坏坏地看着对方;

配菜3:偶尔开放脆弱面。人体有一些天然的脆弱面(手掌心、胳肢窝、怀抱),男生将其主动开放给对方,意味着对对方的信任,展现了自信,拉近心理距离。

例:跟女生对坐聊天的时候,可以偶尔靠着椅背,双手抱着后脑勺后仰;邀请的时候,手掌心朝向被邀请人(请进、请坐)。

形象魅力的动态补充

在形象魅力的课程中,我们教亲人们通过增加控制力和攻击性,提升自己的形象魅力，把自己打造成完美型男。具体的方法，就是外形攻击性太强的人，可以通过衣着打扮增加控制力；外形控制力太强的人，可以通过衣着打扮增加攻击性。但是，在现实生活中，每个人的穿衣打扮有时候会受到场景的约束，不可能每天随性穿着，每天都做完美型男。比如，今天要和客户开会，只能穿西装；周末要去参加野营，只能穿户外。这时候，为了保持完美型男的魅力，该怎么做呢？亲人们别着急，我们还有肢体语言。

(1) 白领男 A：身材瘦弱、细皮嫩肉、戴着眼镜

利基市场(控制力)：衣服板正、精致的配饰

完美型男(增加攻击性)：健身增肌、潮牌

场景约束：假设他上班必须穿正装，日常没有太多机会通过衣着打扮增加攻击性。

解决方案：通过肢体语言增加攻击性，比如，走路带风、爽朗的笑声、坚定的眼神，继续做完美型男。

(2) 商务男 B：身材高大、皮肤黝黑

利基市场(攻击性)：加强锻炼、保持身形

完美型男(增加控制力)：西装革履、精致的配饰

场景约束：假设他周末要去参加野营，只能穿运动装，不能通过西装革履的打扮来增加控制力。

解决方案：通过肢体语言增加控制力，比如，动作优雅、绅士风度、专注的眼神，继续做完美型男。

放电

同样是拍照，普通人拍完，最多是漂亮，但是明星的照片看起来就魅

力四射。这是为什么呢？因为明星的照片都是在团队和摄影师的引导下，从成千上万的照片中挑出来的。他们挑选的标准是什么呢？标准就是照片是否能放电，是否够性感。

在生活中，我们会被异性的肢体语言所吸引，甚至因为一个小小的动作爱上一个人。但人和人是不同的，有的男生会为女生的一个表情着迷；有的男生会为女生的扭腰动作着迷。其实，上面这两位男生代表了不同的审美情趣。

女生向男生传达渴望的肢体语言：直视、挤眼、斜睨、眼神迷离、张嘴、嘟嘴、咬嘴唇、摸嘴、害羞、微笑、抚摸物品。

实用型和封闭型的男生对女生传达渴望的肢体语言比较敏感，这两类男生会联想到她有需求、她可以接近、她会服从、她可能接受我等一系列的性幻想词汇，快速建立性期待。

女生向男生展示性特征的肢体语言：挺胸、扭臀、撅臀、扭腰、撩头发、露肩、露锁骨、露腰、露腿、露胸。

虚荣型和真爱型的男生对女生展示性特征的肢体语言比较敏感，这两类男生会联想到她真不错、她很棒、有很多人渴望她、她是稀缺的等一系列的性幻想词汇，快速建立性期待。

亲人们了解了自己的需求是什么，是不是很想了解一下女生的需求是什么呢？是不是很想学会如何通过肢体语言向女生展示性魅力呢？没问题，我们将告诉你，如何通过肢体语言向不同类型的女生展示性魅力，我们称之为放电。

网友自述：隔了一年没见面，再一次见面是婚宴上，他坐在我的对面。他一直在跟别的女生聊天，聊了一会儿突然眼睛望向我，我也慌张地目光对向他，他用手上的饮料敲了敲桌面，爽朗地笑着说："新年快乐！"一个美少年用两只眼睛直视你的时候,心跳真的会漏一拍哦。

男生向女生传达渴望的肢体语言:直视、挑眉毛、眨眼、害羞、微笑、坏笑、张嘴、分开双手、大拇指扣在腰带上、松领带、身体靠近。

实用型和封闭型的女生对男生传达渴望的肢体语言比较敏感,这两类女生会联想到他有需求、他对我有兴趣、他对我有好感、他渴望我等一系列的性幻想词汇,快速建立性期待。

网友自述:去年冬天休息室里只有我和那个人,他刚到,一副没睡醒的样子,伸懒腰的时候露出了肚脐和周边的——毛,看起来很旺盛的样子,顿时好感度激增。

男生向女生展示性特征的肢体语言:挺胸、两腿分开的坐姿、展示肌肉、展示力量(撸袖子、单手倒车)、展示毛发、把玩柱状物、撅臀、大口喝水。

虚荣型和真爱型的女生对男生展示性特征的肢体语言比较敏感,这两类女生会联想到他真不错、他很棒、有很多人渴望他、他是稀缺的等一系列的性幻想词汇,快速建立性期待。

七
自我定位：如何在同性竞争中脱颖而出

请思考这是为什么

（1）加了美女微信，她一直很高冷。

（2）加了美女微信，她对你的做出的判断，完全不是你期望的。

（3）生活中，一百个男人，九十九个都不能用一句话概括自己是个什么样的人。

独特的价值

粗略统计一下，一个漂亮的女生从 16 岁到 25 岁，在学校里、工作中、路上、消费场所、网上，每年会有大量男生对她放电，盯着她看、撩骚她、搭讪、加微信、约她、给她送礼。选择太多时，会扰乱人的心智，这在心理学上叫选择的暴力，就像大家在超市里选方便面一样，琳琅满目，选择困难。事实上，女生最终只能记住有限的几个人：最优秀的那个人、最烂的那个人、最独特的那个人。

在日常生活中，男生展示出来的绅士风度、负责任的态度、时尚的衣着、幽默的谈吐、好车、好口碑、个子高、学历高、声音好听、鼻子好看等等，这些价值都有可能让女生产生兴趣。但是,这些价值在女生的眼前没有展示出独特性,就很难有强大的吸引力。

谁稀缺谁被追逐,这就是两性关系的基本游戏规则。那什么是稀缺呢?就是价值很独特,不可替代。所以,男生在自身建设的过程中,要根据自身优势,打造自己的独特价值,让自己变得稀缺。

有了独特的价值,不仅能让女生记住,还能让女生产生兴趣。但是我们要记住两点:

(1)每个人的定位必须以价值为基础,脱离了价值的个人定位,对女生没有任何意义。

(2)定位就是牺牲!不要幻想把全世界完美男人的特征都放在自己一个人身上,这样给女生的感觉就是假大空。

一招鲜

一招鲜:每个人都应该结合自己的优势,打造一个或者多个拿得出手的价值点,而这些价值点,在人群中是广受欢迎的。这样可以在最大的范围内吸引到女孩子。

一技之长:拥有能帮助别人解决问题的实用技能,当别人有需要的时候热心一些,也许那个她就在那里等你。

例:修电脑、会拍照、懂车、运动特长(滑雪、游泳、台球等)、知识渊博、人脉广、厨艺精湛。

娱乐精神:掌握一些能给别人带来快乐的固定节目,勇于表现自己、传播快乐,也许那个她就在那里看你。

例:会乐器、唱歌、星座解读、变魔术、讲笑话、做游戏、穿着精致。

差异化描述:通过对两性关系、价值观、生活态度、自身经历等的独特描述，展示自己的姿态与价值。

例：

女：你希望你的老婆出去工作吗？

男：这个不重要。关键是她做自己喜欢的事情，有独立的人格，活得开心、自由。

女：你是做什么工作的？

男：我是个玩儿科技创业的特种兵。

比较优势

没有比较就没有伤害。生活中处处充满着同性竞争，到处都是价值展示的舞台，那我们如何脱颖而出呢？就是要善于利用自己的比较优势，有意识地突显自己的长处或者与众不同。记住，这是一种意识。

同质化竞争（人有我强）：在有些环境当中，在有些条件下，只有做得更好，才有比较优势。

例：小强暗恋的女生是篮球迷。小强努力练球，终于在球场上引起了女生的注意。

差异化竞争（人无我有）：善于发现竞争对手的短处，充分运用自己的长处，展现出独特的价值。

例：小强新入职一家IT公司，发现公司里的工程师们穿着比较随意，不苟言笑。小强衣着精致、风趣幽默，没多久就赢得了好几个女生的好感。

下班的时候，同事们都忙着走出电梯，只有小强一手挡住电梯门，一手摁着电梯开关，直到大家都走出电梯，才放开手。

周末公司同事一起去野炊，小强展示了丰富的生存知识和很强的动手能力,其他男同事相形见绌。

什么样的朋友圈对女生缺乏吸引力

类型一:垃圾桶朋友圈。

症状:随意组织信息,心灵鸡汤、自拍、购物、美食、日常行程状态、日常精神状态、专业知识、转发小游戏、转发歌曲、抱怨、许愿、呻吟、有用的没用的都往里面扔,朋友圈像个垃圾桶。

处方:

① 少即是多。信息不是越多越好,信息太多太杂,影响传播。精准有效的信息才是信息。与其发十条没用的朋友圈,不如好好地发一条引来个女生。

② 前后信息保持一致。不要今天说喜欢下雪,明天说讨厌哈尔滨;不要今天抨击首富,明天在朋友圈晒方向盘。

类型二:地摊货朋友圈。

症状:随意制作信息,劣质的照片、幼稚的图片、没标点的大段文字、错别字连篇、有图没文、故事讲得罗里吧嗦、消息发得莫名其妙,朋友圈像个卖凉皮的路边摊儿。

处方:

① 照片、图片要清晰、精致,整不好宁可不发。

② 正确的标点符号和文字是必须的。

③ 尽量避免大段文字。

④ 避免文不对图。

⑤ 避免画蛇添足。如:发一张开车的照片,配文:我在开车。

男生没事儿少发吧	女生观感
风骚自拍	这个伙计很自恋……
无病呻吟	矫情个啥……
心灵鸡汤	好像在翻重要的专家朋友圈……
满满的购物袋	炫富技巧需要提高……
一惊一乍的美食特写	就这点儿出息……
日常行程状态	没人关心你去哪儿……
日出精神状态	这是要疯了吗？
转发专业知识	能再无聊点儿吗？
转发小游戏	能……
转发英文歌曲	确实欣赏不了……
发牢骚、骂人	会不会打人……
各类许愿	祝他单身愉快……

什么样的朋友圈能展示男性魅力

（1）少而精。不要整天没事儿就发朋友圈，因为男人是很忙的。所以，发朋友圈应该有一定的时间间隔（一周不超过三条）。

没有精致的内容也别发朋友圈，不要用粗糙的内容，去朋友圈刷存在感，浪费观众的时间。

（2）真实不做作。展现真实的自己、真实的生活，宁可不发，也不要去盗图，不要去摆拍。因为，过度包装自己，是在人为地造成自己自卑，而自卑是吸引女生最大的敌人。

（3）突出价值。在保证内容真实的基础上，有重点地突出价值。我们说的价值不单单指财富,而是所有的雄性领袖特征,这些特征都能让女生感受到男性的魅力。

展示的内容与技巧	向女人展示了什么价值
兴趣爱好一定要有品位	财富
旅游内容最好有档次	财富
讲段子一定要有冲击力	智慧
晒饭局得有人陪你吃好喝好	有市场
晒娱乐得有人陪你玩好	有市场
晒工作得有人陪你忙碌	身份
居家照片一定要精致	控制力
健身照片可以有	控制力、形象
宠物照片可以有	责任感
怀旧照片可以有	责任感
偶尔自嘲或示弱(比如:单身狗去看病)	自信、勇敢
偶尔去历险(比如:蹦极、徒步)	勇敢、攻击性

第 3 章 来电行动

女人是如何心动来电的？如何向女人进行最高效的价值展示？如何引导女生进行更积极地互动？如何把握爱情关系中的重要转折点？如何进行低风险的超级表白？如何让高冷的女生倒追自己？

在本章中，你将全面理解两性互动的规律，全面掌握推进恋爱关系的方法，能够淡定从容、真实自然地去吸引心仪的对象，让她建立预期、心动来电，从此找到人生的幸福。

一

获利还是避险：女人对男人的投资策略

请思考这是为什么

（1）有的女生对男朋友百依百顺，有的女生对男朋友高高在上。
（2）同一个女生对前男友百依百顺，对现男友高高在上。
（3）孟姜女哭倒长城，这么大排量，动力何在？

女人的投资人心态

女性的资本高峰期是21～25岁。在这个阶段，女性肤白貌美、年轻活力、生育能力旺盛、状态比较完美，是人生当中最好的年华，也是在两性关系中最吃香的阶段。

男性的资本高峰期出现在35岁以后。在此之前，男性收入有限、性格不成熟，状态不是那么完美，是人生当中的资本匮乏时期。

在两性关系中，尤其是年轻一些的两性关系，女性很自然地认为自己是投资人，男性是被投资人。

女性投资人心态一：获利心态

俗话说的男择多、女择优。男性为什么择多？你们懂的。女性为什么择优？因为女性的资本高峰期相对男性更短，必须在有限的时间、有限的范围内，锁定最有价值的交往对象，寻求最大的投资回报。所以，优秀对女性的意义更加重大，低价值男性是不能带来满意的投资回报的。

精心挑选：女性会从众多追求者中，精心挑选出自认为收益最高的那位。

仔细考察：女性会在挑选出的对象身上全方位考察。

利润核算：女性需要判断男性的价值是否对自己有意义，就是我们说的奖品性，获利获的就是奖品性。

女性投资人心态二：避险心态

女人对两性关系的最基本认知——我要回避风险。考察对方是否真心，是女性避险心态的主要表现。那什么是真心呢？态度是否真诚、人是否可控、有没有付出精神、心里有没有别人。

怕遇到骗子：女性默认男性天生是好色的，很可能吃完就走，所以必须慎重考察对方。

怕自己看错了：如果自己判断失误，可能选了低收益对象，可能错过高收益对象，人生就搞砸了。

怕错过最佳投资期：青春易逝，红颜易老，大好的那几年，不尽快投个好项目，后面就被动了。

获利＋避险＝成功的投资

女人在关系中投入什么

作为投资人，女人在两性关系中投入四种资源——身体、时间、经济

(部分女人)、情绪。

身体：在大多数女人看来，身体是她们对男人最大的投资。按投资强度不同，肢体接触是初级投资，发生性关系是中级投资，生孩子是高级投资。

时间：青春易逝，红颜易老。时间对不同年龄的女人意味着不同的投资价值，简单说，就是进入适婚年龄之后，越年轻的女孩，认为自己的时间越有价值。

经济：严格意义上来说，女人真正在两性关系中投入经济，应该从结婚开始。所以碰到抢着买单的女朋友，亲人们要好好珍惜。

情绪：有一种投资，大多数女人并没有明确意识到它的重要性，基本由潜意识主导，却能够很大程度上影响女人的行为与决策，尤其在恋爱阶段，它能起到决定性的影响，这就是情绪——心动瞬间、日夜思念、患得患失、醋意大发、得到的甜蜜、失去的痛苦、美好的回忆等等。俗话说，女为悦己者容。为什么呢？因为爱情让女人感到了兴奋、愉悦、安全、满足，体验到强烈的自我肯定——我有价值、我很重要、我被需要。这些情绪都逐渐储存到女人的潜意识中，让她对爱情痴迷与留恋，最终产生潜意识依赖。很多时候，明意识已经在抗拒这段两性关系了，但潜意识依旧让人不能自拔。这也解释了很多人分手后，虽然用一千条理由说服自己，但仍然控制不住地想念对方，怀念那种感觉，这就是情绪上瘾。可以说，比起肉体、时间、经济，女人对自己在爱情中的情绪投资更加难以割舍。

女人的投资策略

有的女生对男朋友百依百顺，有的女生对男朋友高高在上。同一个女生对前男友百依百顺,对现男友高高在上。孟姜女哭倒长城,这么大排量,动力何在？亲人们肯定已经发现了,女人在一段感情中,有时候全身心投入,有时候有所保留。关于后者,很多人都碰到过,女人在恋爱中的表现勉勉强强,就跟打酱油似的。这是为什么呢？因为女人对感情采取两种不同的投资策略与心态——献身和施舍。

献身：一个人如果找到了满意的对象,会全身心地为对方付出,无怨无悔,甚至牺牲自己的事业、朋友、娱乐。走向极端就是丧失自我,完全以对方为中心。我们称这种投资方式为献身,就是全身心付出。

表现：恋爱时,完全疏远闺蜜圈,只陪男朋友；主动疏远异性朋友；对男朋友关心胜过关心自己；主动承担家务；喜欢对男朋友唠叨不停；容易被感动；经常夸奖男朋友。

施舍：当一个人找到的对象不太满意时,就会有条件、有保留地为对方付出,保留着自己的独立空间,自己该玩儿玩儿,很多不爱做家务,不愿意付出、不愿意牺牲。甚至高高在上,完全以自我为中心。我们称这种投资方式为施舍,就是不情愿付出。

表现：对男朋友姿态高高在上；不太关心男朋友；主动逃避家务；跟男朋友说话爱答不理；不容易感动；极少夸奖男朋友；不拒绝异性的撩骚；出轨。

献身度是女人对男人献身心态的强烈程度。

（1）女人对男人献身度越高,意味着她越认可男人的价值,她在关系中的满足程度也越高。在这种情况下,如何男人不能提供足够的奖品性,天长日久,按照奖品性的日出效益,女人会慢慢变得不满足。

（2）女人对男人献身度太低,即施舍心态太严重,会一天天磨灭男人,让男人自我否定,失去勇气、上进心、创造力等等,事业上一事无成。

施舍的原因

在现实中,导致施舍现象的发生,主要有两种原因:

(1) 其中一方对关系很不满意,对生活很不满足,又不能解除关系,所以只能用施舍的态度去对待另外一方。对应到女人的投资人心态当中,就是获利心态得不到满足。

实用型:因为实用型的人从小娇生惯养、任性惯了,如果对方提供的实用奖品性不够,实用型的人就很可能对对方施舍。女人就容易犯公主病,男人就容易犯大男子主义。

虚荣型:因为比较看重对方的条件和优秀程度,如果对方不够优秀,虚荣型的人就很可能施舍对方。主要表现就是高高在上、嫌弃对方、颐指气使、言语刻薄。

真爱型:因为真爱型的人比较看重心动和激情,如果对方没有满足这些需求,真爱型的人就很可能对对方施舍。主要表现就是逃避、冷漠、敷衍。

(2) 有一类人,因为对自己丧失了信心、对异性丧失了信心,也不再相信爱情,所以不管跟谁在一起,都是用施舍的态度去对待对方。对应到女人的投资人心态当中,就是避险心态完全主导了她的行为。

封闭型:封闭型的人当中,有一类人在成长中受到的伤害比较严重,比如,家庭关系畸形、受到过性侵、受到过严重的恋爱伤害等,这类人内心里对异性的人设全面崩塌,所以,他们不管投入任何一段两性关系,对对方都是施舍心态。

施舍心态产生的原因

近年来,由于当前社会处于特殊的发展阶段,女性的施舍心态比男性更为普遍、更为严重,导致了两性心态失衡,产生大量施舍状态的两性关系。

(1) 现代女性经济上越来越独立,对男性的要求越来越高,预期过高就容易产生施舍心态。

(2) 受重男轻女的传统观念影响,当前社会男女比例严重失衡,男性择偶相对比较困难。

(3) 有些女性在择偶过程中过度强调物质的重要性,选择了不恰当的对象,以至于在亲密关系中产生抱怨。

(4) 受现代女权主义的思想的影响,以及社会舆论的宣传,增加了现代女性施舍心态的倾向。比如,电视剧中的女生经常对男生颐指气使、高高在上;男生对女生各种讨好,百般献媚。

以上原因,导致部分男性在择偶中丧失了男人该有的姿态和魅力,缺乏男人该有的担当和责任感,出现大量的仇女心态、娘炮、备胎;女人缺乏女人该有的温柔之美,缺乏女人该有的体贴和宽容,出现大量的公主病、强势女人、大龄剩女。很多两性关系缺乏爱的基础,都以施舍状态在维系,相互不能满足,产生了各种各样的恋爱悲剧和婚姻问题。

二
筛选机制：女人怎样挑选男人

请思考这是为什么

(1) 刚认识女生，就对女生百般讨好，微信表白，被果断拒绝。
(2) 约过几次会，女生突然把男生拉黑了。
(3) 男生各方面都优秀，女生就是不来电。

女人的文件夹

一个高价值的男人，如果花心、不靠谱，在女生眼中也是没有任何收益的，有价值的男人必须同时表现出真心、可控性的低风险特征，才会变成女人的奖品。

在两性关系中，女性认为自己是投资人，男性是被投资人。作为投资人，女人主要有两种心态——获利心态和避险心态，这两种心态共同构成了女人筛选男人的基本原则。在日常生活中，当女生和男生没有深入接触的时候，女生会用归类法，比较简单地把这些男生分为两类，就像电脑上两个文件夹——低收益文件夹和高收益文件夹。

低收益文件夹就像电脑的回收站，里面住着各种低价值的朋友、高风险的花花公子、炮友、备胎、前男友、老同学等一众难兄难弟。大家互不认识,但受到女人的待遇都差不多——冷漠、敷衍、爱理不理,最多有事儿联系一下。

(1)低价值男人:有些女人比较在意男人某些方面的雄性领袖特征,比如控制力、形象、财富、智慧等。而男人在跟女人的初次接触中,恰恰没展现好这些特征,被女生一票否决。容易展现男人低价值的高频行为有:抖腿(排名第一)、不讲卫生、不讲礼仪、衣冠不整、讲荤段子、爆粗口、娘炮等。

(2)高风险男人:

装逼的男人。有的男生在和女生的接触中,企图靠硬装出来的样子去欺骗女生、唬住女生,例如,炫耀、装高冷、说话装腔作势等等。在女生眼里,这种男人不可信,潜藏着各种各样的风险,比如,低价值伪装成高价值,或者想吃霸王餐。一旦被识破,就会以最快的速度归入低收益文件夹,很难翻盘。

没诚意的男人。没诚意等于水性杨花、花花公子、吃完就走、到处搞暧昧、广泛撒网重点捕鱼,风险都写在脸上了。

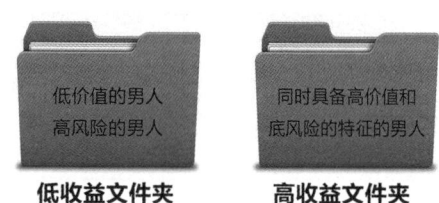

第一个阶段:预判

女人筛选男人是有流程的,它揭示了女人坠入爱河的心路历程。对男生而言,这个流程意味着恋爱的正确打开方式,告诉我们在什么阶段该干什么事儿,少走弯路,增加成功率。筛选的流程主要分为预判和测试两个阶段。预判阶段是给男人归类,形成关系预期;测试阶段是测试男人的价值和可控性。

我们首先要了解女人的预判心理机制。女人对男人预判的主要方法是归类法。单身状态下,女人会把自己身边林林总总、来来去去的男人们,该分类分类,该贴标签贴标签,我们把这种心理机制叫作预判。

对于男生来说,预判阶段最重要的就是关系破冰,关系破冰指两人从陌生到开始联系的过程,比如,微信上打招呼、搭讪、朋友介绍等等。如果破冰成功,在男生眼中感觉可以跟女生正常联系了;在女生眼中这个事情其实不简单,它意味着男生引起了女生的注意力,女生愿意花点儿时间去了解这个男生,看他有没有吸引自己的价值。对于陌生相识的男女,男生破冰成功才能继续女生的预判过程,就好像拿到一张展会的一个展位,可以在微信上继续聊天、可以跟女生发生情绪交流、可以在合适的时机邀约女生,等等。

大多数情况下,预判阶段是以两人的首次约会结束的。预判之后,男生会有两种归宿,要么被女生否定,打入冷宫,被归入低收益文件夹;要么被归入高收益文件夹,可以进一步了解和考察,产生交往预期。

预判阶段,女生筛选男生的标准因人而异、内容丰富,包括男生的外形条件、财富、阶层、工作、人品、性格、态度等等。但是,因为两人交往不深、信息不对称,女生只能根据有限的信息,凭自己的想象给男生画像、分类。女生本来就想象力很丰富,在给这些男生画像的时候,会存在先入为主、以点概面的现象。这就解释了为什么第一印象很重要,因为它决定了女生要不要在男生身上投入时间和精力,去了解男生、考察男生,就是我们说的要不要进入测试阶段。

了解了预判的心理机制,我们就有了正确的意识——跟女生产生爱情的第一个关口,不在于跟女生认识了多长时间,不在于跟女生聊了多少天儿,不在于男生表达了多少真心诚意,而在于男生是否进入了女生的高收益文件夹。在女生看来,高价值、低风险的男人,才是值得托付的男人。

第二个阶段:测试

预判之后,女生就会对归入高收益文件夹的男生展开详细考察,确定其是否值得推进关系,这就进入了测试阶段。在测试阶段,女生会带着预期的心情,对男生开展各种各样的测试。测试什么呢?测试这个男人对自己有没有价值,对自己真不真心,即男生有没有奖品性。测试阶段的终点在哪里呢?答案是没有终点,只要男生和女生相处,测试是在不停地发生的,直到两个人分开为止。台下的亲人们,是不是倒了一大片?不要绝望,测试阶段虽然没有终点,但是,女生会根据测试的阶段性成果,给男生不同的待遇。例如,可以搂了、可以啪啪啪了、可以当男朋友了、可以结婚了、可以离婚了。我们说,两性关系的本质是奖品交换,测试阶段可以理解为,女生通过对男生奖品性的考察,不断对两性关系进行评估,做出各种决策。测试阶段的进度因人而异,流程是一致的。

站在女生的角度,测试阶段的主要挑战,是将男生所具备的雄性领袖特征,联想和换算成对自己有利的奖品性。这事儿换成男生来干,也很不容易。

男生具备的雄性领袖特征:财富、形象、智慧、名声、受尊重、自信、勇敢、控制力、攻击性、责任感。

女生理解的奖品性:可控性、愉悦我、关心我、为我解决问题、性生活满足我、有面子、为我花钱。

女生测试男生的方法主要有以下几种：

观察：女生通过男生的语言、行为、态度、细节，暗中评估男生的价值。

例：白骨精约孙悟空见自己的父母，孙悟空很兴奋地答应了（可控性），买了很贵重的礼物（为我花钱），孙悟空把白骨精的父母哄得非常开心，白骨精非常满意（有面子）。

出难题：女生主动向男生发出挑战、质疑、打压、任务，通过男生的回应评估男生的价值。

例："我和你妈掉水里你救谁？""我和我闺蜜谁漂亮？""我好久没有出国旅游了。""房本写谁的名字？"

比较：女生将其他男生和眼前的男生进行直接或间接的比较，评估男生的价值。

例：情人节，孙悟空送了白骨精99朵玫瑰，猪八戒送了高小姐1克拉钻戒，白骨精有点失落。

预期

预期的本质是联想，在爱情中就是胡思乱想。想什么呢？想要爱情的奖品——男生所提供的价值。女生对男生的预期，就是渴望男生的价值能变成自己的奖品（愉悦我、关心我、为我解决问题、性生活满足我、有面子、为我花钱、可控性）。但是女生又不知道，这些奖品是什么时间、什么方式呈现到自己的面前，所以就会胡思乱想。胡思乱想的结果，就是女生在恋爱中变得很敏感，男生的一个眼神、一个小动作、一个态度，都有可能被女生解读为价值的信号。看到这里，亲人们是不是也开始胡思乱想了？不要高兴得太早，前提是女生对男生抱有很高的预期。所以，测试阶段的主要任务,就是在两性互动中,不断拉高女生的预期。

男生怎么做,可以拉高女生的预期呢?最关键的做好两件事——姿态和战术。姿态就好比武器,战术就好比弹药,相同的弹药放在不同的武器上,威力是完全不同的。就好比几十公斤炸药,背在人身上最多能炸个碉堡,还得把命搭上;装在飞机的导弹上,就能精确打击,想炸什么炸什么。所以在恋爱过程中,姿态和战术是相辅相成的。

姿态:在女生眼中,男生的高姿态是男生价值的证明。没有姿态作保证,男生对女生所呈现出来的价值是可疑的;有高的姿态,女生会本能地认为男生是高价值的,是值得预期的。

反例:猪八戒对高小姐吹嘘,自己在天宫里很受仙女们欢迎,但是一看见高小姐就两眼放光、口水直流(错误姿态:急迫)。高小姐怎么看怎么觉得猪八戒应该没见过女人,没什么价值。

正例:唐僧面对女儿国国王的诱惑,面不改色、坐怀不乱,女儿国国王感觉唐僧要么是有理想、有抱负,要么就是阅人无数、经得起诱惑,总之是个高价值的男人。

战术:有效的战术,可以拉高女生的情绪(开心、兴奋、吃醋、紧张、羞涩、自信、自卑、性幻想等),情绪既是联想的催化剂,也是女生在爱情中最渴望的价值。情绪让女生变得更敏感的同时,制造了更多的渴望。亲人们,在接下来的时光里,你们将学到推拉、调情、联想、缘分、变调、超级表白、梦想、内爆等各种各样的有效战术。爱情触手可及,幸福不是问题!

三
心动的原理：爱情中的电是怎么产生的

请思考这是为什么

（1）人群中多看了谁一眼，激动不已，念念不忘。
（2）相恋过程中，对方的一个暖心举动，让人激动不已，念念不忘。
（3）有的人相处一年多，仍然感动不了她。

什么是电

电，就是人在爱情中产生的兴奋、预期、满足等重要情绪，以及脸红、心跳等生理反应。我们都知道，爱情会让人产生心动的感觉，感觉就像神经通上了电，莫名的激动，无限的美好。电，主导了爱情中的许多重要现象、重要时刻、重要心态，例如，怦然心动、感动、惊喜、上瘾、失望、伤心等等。千百年来，由于爱情中的电交织了心理和生理的复杂反应，让人们感觉很神秘、很困惑、难以把握，产生了数不清的爱恨情仇、悲欢离合。问世间情为何物，直教生死相许；问世间电为何物，直教欲罢不能。我们要理解爱情中的电，首先就要理解其中的三个核心概念。

触电：女生发现男生的价值，建立预期、感到兴奋。

来电：女生对男生的预期得到满足。

漏电：女生对男生预期落空，感到失望。

触电

触电就是女生发现男生的价值，感到兴奋。可能是因为男生的形象特点、某个行为、某个优点，让女生情不自禁地心动，产生了通电现象，这就是传说中的有感觉。男生通过正确的姿态、正确的行为，可以大幅度提高女生触电的概率，完成女生对男生的价值认可（满意度），进入女生的高收益文件夹，拉高女生对男生的预期。

女生的触电机制主要是通过联想完成的，在现实中主要分为两种情况。

方式一：男生什么也没做，女生被男生的某些点位击中了。也就是说，在男生不知情的情况下，女生自己完成了触电。

例：猪八戒在交友网站上发了照片和详细的个人介绍，平民高小姐乍一看猪八戒照片貌不惊人，突然发现他是天蓬元帅，有地位、有实力，心跳马上漏了半拍，就给猪八戒发了一封私信，表达了想交往的意愿。

方式二：是男生主动对女生做了点什么，击中了女生的点位。比如第一次约会的时候，最容易发生触电。

例：师妹和学长去参加课外活动，在马路上走的时候，车来车往，学长下意识地把师妹让到了马路的外侧，各种车辆从学长身边擦过，这种绅士行为，让师妹对学长好感爆棚，想跟学长发生点儿故事。

来电

来电就是女生确认男生的可控性，体会到满足感。女生对男生的价值认可之后,如果男生向女生展示出真心诚意或者身体可控性,女生就会体验到满足感,发生来电的生理和心理反应。如果说,触电是打开爱情的钥匙,那么来电就是绑定爱情的绳子。女生对男生来电了,就会着手考虑跟男生建立关系(男女朋友、结婚等等)。女生电来得越多,锁定男生的愿望就越强烈。

有两种方式会让女生来电,让女生感受到男生的可控性,一是展示真心诚意,二是展示身体可控性。

(1)展示真心诚意:男生的行为和态度,例如,深情的告白、专注的眼神、充分的重视、关心呵护、舍己利她,让女生产生了大量的联想,感觉到男生一往情深、可以托付,内心一阵感动,产生了锁定男生的念头。

例:一对情侣在寒风中吵架,男生一边吵一边使劲给女生挡着风,女生突然发现后,不仅停止了争吵,而且心里暗暗发誓一定要嫁给这个男生。

(2)展示身体可控性:只是因为两人肢体的亲密接触,例如,盯着看、公主抱、亲吻、抚摸,让女生感觉心跳加速,产生强烈的渴望,身体一阵感动。

例:约会中,两人还没确定情侣关系,在等红绿灯。过马路的时候,男生牵住女生的手,女生手心出汗,浑身燥热,走到马路另一头,两人已经是挽着手的亲密情侣了。

漏电

漏电就是男生让女生预期落空,感到失望。女生对男生产生电流之后,就是对男生有预期,如果男生表现不佳,可能是低价值行为,可能是错误态度,让女生感到失望,就漏电了。电漏光了,女生就想抽离这段关系。

男生和女生交往的过程中,男生的很多无心之举,会让女生失望,漏电。什么是无心之举呢?男生认为很正常的小事儿,在女生眼里就是很不正常的大事。更可怕的是,女生漏电了男生是不知道的。等女生张口表达不满的时候,已经是失望累积到一定程度了,等待男生的命运就是被拉黑、被吵架、被分手。

在女生眼里,漏电现象大量源于男生的两个错误姿态——逃避、计较。

漏电排行榜第一名:逃避。

例:逃避责任、逃避问题、冷暴力、回避沟通、对女生敷衍、拒绝改变、不求上进。

漏电排行榜第二名:计较。

例:爱占小便宜、花钱抠门儿、百般挑剔、小题大做、不依不饶、得理不让人、功利主义。

一张图读懂爱情:女生爱情电路图

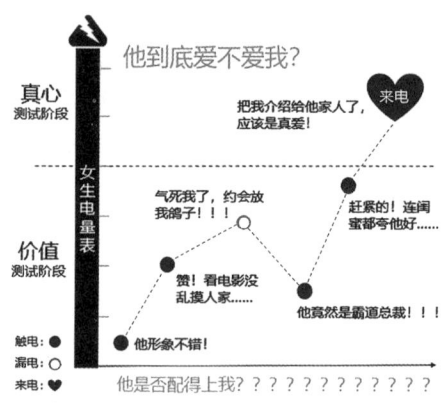

四
推拉：如何给女生制造渴望、满足渴望

请思考这是为什么

（1）有些渣男对女孩子忽冷忽热，女孩子却死去活来。

（2）韩剧里的男主角消失了一个月，女主角找到他后才知道他得了绝症，女主角坚决嫁给男主角。

（3）我们不合适，因为我发现，我爱你超过了爱我自己。

什么是推拉

制造渴望,满足渴望,两者的结合使用就是推拉。所谓的推,就是人为制造女生对存在感的渴望（我有价值、我很重要、我被需要）；拉就是满足女生对存在感的渴望。通过推拉组合,给女生带来更强烈的满足感。推拉的关键,在于制造女生对某个男生的渴望。制造哪些渴望呢？肯定她,愉悦她,关心她,为她解决问题,性生活满足她,给她面子,为她花钱,对她真心。怎么制造呢？否定她,疏远她。在恋爱过程中,推拉是女生天生就会、使用最频繁的行为,比如：态度忽冷忽热；嘴上说不要,身体很诚实；不能让他轻易得到我（延迟满足）；上得厅堂,下得厨房（反差萌）等等,

制造男生的渴望,女生很在行。所以,亲人们,在推拉这件事上,我们只是女生的学生。

例:

① 我们不合适(推:疏远女生),因为我发现,我爱你超过了爱我自己(拉:肯定女生)。

② 韩剧里的男主角消失了一个月(推:疏远女生),女主角找到他后才知道他得了绝症(拉:关心女生),女主角坚决嫁给男主角。

在恋爱过程中,推拉能起到什么作用呢?

① 让男生变得主动,引导女生情绪,掌控局面。因为推拉可以主动制造女生的渴望,无风也能起浪,可以把平淡、无聊、冷场、尴尬的互动气氛带到更高的情绪中。

② 给女生带来更强烈的满足感。因为制造渴望、满足渴望是连续发生的,大悲大喜,过山车一般地流畅,所以让女生的情绪体验更深刻,满足感更强烈,感觉这个男生如此与众不同,预期就自然被拉高了。

语言推拉

推拉最常见的应用场景就是聊天,也就是语言推拉。语言推拉的优点是成本低,可以频繁使用。不足之处在于力度小,对女生情绪的影响力相对弱一些。一个擅长使用语言推拉的男生,在女生眼里会很有趣、很有姿态、很有魅力,聊时间长了,女生会对这种聊天方式上瘾的。我们说女生天生就是推拉的高手,这样的男生,让女生觉得棋逢对手、欲罢不能,产生渴望。

例:

① 赞美的时候,推拉比直接赞美显得姿态更高,女生更受用。

直接赞美：男：这条裙子很适合你。

推拉：男：这条裙子一般女生都不穿，不像你能驾驭得了。

② 提意见的时候，推拉比直接提意见更委婉，避免情绪对抗，更有说服力。

直接提意见：男：这条裙子不是很适合你。

推拉：男：这条裙子不是很适合你，白瞎了你这条又白又直的大长腿了。

③ 回答问题的时候，推拉比直接回答更有姿态、更有趣，会避免很多尴尬。

直接回答：女：我胖吗？男：一点不胖啊。

推拉：女：我胖吗？男：一点不胖啊，因为我还抱得动。

态度推拉

在两人交往的过程中，男生已经向女生展示过价值，女生也在一定程度上认可了男生，但女生身段仍然很高，态度不够端正，对男生忽冷忽热、不认真，这时候就需要使用态度推拉。态度推拉就是男生对女生忽冷忽热、忽近忽远，本质上是对女生态度的一种端正方式。

适当地抽离关系，可以让对方更加冷静，距离产生引力，制造渴望。在疏远的开始阶段，女生感觉这个男生不去刻意逢迎讨好女生，这样的男生可能是有原则、有标准、有价值的；随着时间的持续，这种失落感会放大，女生会不由自主地预期男生的积极主动，找回心里的平衡。这时候如果再联系，女生的身段就降低了，就会更平和地和男生交往，态度更端正了。

例：白骨精被牛魔王玩弄后抛弃。孙悟空陪伴白骨精治疗情伤，各种关心、温暖、愉悦,白骨精十分任性,而且喜欢白龙马那样的帅哥。所以,白骨精在享受孙悟空关爱的同时,经常捉弄孙悟空,并且不接受孙悟空的表白。孙悟空果断跟唐僧去西天取经。白骨精突然感觉一阵失落,发现自己对帅哥也没兴趣了,很怀念孙悟空的幽默与关心。从西天回来的路上,两人又碰上了。白骨精放下所有的矜持、傲娇,果断去找唐僧……向孙悟空说亲。

延迟满足

人对某种东西产生渴望之后,如果迟迟得不到满足,在好奇心和逆反心理的驱使之下,会把目标的价值放大,渴望更强烈。在恋爱过程中,这是女生对男生常用的招——我不能轻易答应他;让他再追我一会儿;轻易得到他不会珍惜……亲人们是不是听得很亲切?

当男生发现女生有某种渴望并且男生可以满足的时候,为了让女生的渴望更强烈、满足感更深刻,可以适当地将满足女生的时间延后,在合适的时机、合适的地点,用合适的方式(甚至是超预期的方式)满足女生。延迟满足用得好,会让女生更珍惜所得到的一切,还会让女生来电。

延迟满足的操作要点是要自然,不要太刻意,不要太过分,更多的是一种让女生更满足的服务意识,而不是一种心机。在这个前提下,女生不仅不会责怪男生,而且认为男生是有姿态、有控制力的。

例:

① 牛郎织女一年只能见一次面,满足是相当延迟的,但是满足感非常强烈,搞得全国人民陪他们过节(七夕),两人对关系倍加珍惜,好了几千年。

② 女生想吃牛排,男生对西餐不是太懂。

常规方式：网上找一家，周末直接带她去大吃大喝，吃完了事。

延迟满足：男生不动声色，女生有点儿小失落。男生偷偷用半个月的时间，学习西餐知识、红酒知识，找了一家评价很高的餐厅，给女生准备了一个完美的烛光晚餐，对西餐红酒侃侃而谈，女生来电了。

反差萌

当女生发现男生身上具有价值，却由于男生的态度和行事风格（例如：严肃、高冷、强势、粗狂、不正经、无趣），暗中感觉到了接近男生的阻力，这种阻力反而激发了女生接近男生的渴望。这时候，如果男生突然画风一转，展现出跟之前完全相反的风格（例如：活泼、温柔、平和、认真、体贴），会让女生感觉男生很有魅力，男生的价值是触手可及的，自己在男生心里是独一无二的，女生内心由此得到满足。很多初次相识的触电、长期相处的来电都是由反差萌的效果造成的。所以，反差萌也可以称为人设推拉。

反差萌的操作要点：

（1）反差的前后风格对比要明显，比如：高冷变温柔、不正经变认真、无趣变浪漫。这样才会有冲击力，才会让女生印象深刻。

（2）要让女生感觉到她被优待、被重视、特殊处理、独一无二，享受和别人不一样的待遇。这样才能体现出男生的真心诚意、可控性，满足女生的虚荣心。

五
调情：如何做一个有情趣的男人

请思考这是为什么

（1）我是好人，我希望给女人留下好印象，从来不敢冒犯女人。

（2）那些不正经的男人为什么身边总有女人。

（3）很多女生吐槽男人没有情趣。

调情为什么很重要

调情就是男女之间相互调侃和挑逗，给恋爱增加情趣的同时，在潜意识中制造性期待。性期待可以刺激人的神经，让人兴奋、愉悦。会调情的男生就是有情趣的男生，古今中外，地不分南北，人不分老幼，女生们都喜欢有情趣的男生。

调情对增进恋爱关系有非常重要的意义。

（1）女生更希望男生主动。主动调情展现了男生的雄性领袖特征（智慧、自信、勇敢、攻击性），增强了男生的性吸引力，促进关系升级。

（2）调情既可以表达男生对女生的兴趣，也可以用来判断女生对男生的好感度、性开放程度、女生的情绪状况等等。调情是两人关系进度的重要信号指标,所以我们根据对女生刺激程度的不同,将调情分为 A 类、B 类。

在恋爱过程中,调情是关系的催化剂,可以多用、常用、大胆用。很多男生对调情这个方法不敢用、用不好,一方面是因为传统道德束缚,心中充满预期,外表故作高冷;另一方面,是因为姿态太低,患得患失,害怕自己的攻击性冒犯到女生。其实,这些朋友都多虑了,如果让女生在清高男、木讷男、情趣男中做一个选择,绝大多数女人内心里真正渴望的是情趣男。

但是,不要带着占便宜的心态和女生调情。调情是为了刺激女生的情绪,制造性期待,而不是在嘴上或手上占点儿女生的便宜。这样的心态和状态让女生非常厌恶,经常一票否决男生。

A 类调情

A 类调情就是没有明显性意味的语言调侃。A 类调情的攻击性不明显,应用场景非常广泛,在跟女生的各个关系阶段都可以使用,我们通常夸某个男生有情趣,主要说的是他 A 类调情用得好。

例:

① 男生表达兴趣:可以更好地传递娱乐精神,保持姿态。

无聊先生:男:你又年轻又漂亮。

A 类调情:男:你这么年轻漂亮,应该不超过 50 岁。

② 男生打招呼的时候:可以快速调动女生情绪。

无聊先生:男:你好。

A 类调情:男:快来看,捉到一只大宝宝。

③ 女生抖包袱的时候:可以配合女生的游戏。

无聊先生：女：我新做的指甲好看吗？男：哇，真好看，哪做的？

A 类调情：女：我新做的指甲好看吗？男：（很认真地把女生手拉过来看，点头）嗯，这个好像不太重要。（说完坏笑）

④ 女生测试男生的时候：可以展现智慧，保持姿态。

无聊先生：女：我是你什么人？男：我想你做我女朋友。

A 类调情：女：我是你什么人？男：最佳准女友。

B 类调情

B 类调情就是含有性意味的语言挑逗。B 类调情可以展示男生的自信、勇敢、攻击性（激情三板斧），激发女生的兴致和情趣，快速推进关系。B 类调情最好基于两个前提去使用：第一个前提是两人关系有一定基础，在两人不熟悉的时候直接用 B 类调情，会让女生觉得男生太急迫（预判失败），而且女生在关系陌生的时候轻易不会接男生的 B 类调情，一旦接了就承认自己太随便；第二个前提是女生情绪较高的时候，因为男生在女生情绪较低的时候很不识趣地使用 B 类调情，让女生感觉男生不识趣、太急迫，女生心里会想，就不能先来几个 A 类调情，让我高兴高兴吗？

① 当女生 A 类调情男生的时候：男生找机会 B 类调情，可以展现智慧、自信、勇敢、攻击性。

无聊先生：女：周末去海边浪一浪。男：好的，没问题。

B 类调情：女：周末去海边浪一浪。男：太好了，终于可以穿着泳衣坦诚相待了。

② 当两人气氛暧昧的时候：B 类调情可以打破尴尬局面，让关系得到突破。

无聊先生：两人在 KTV 里唱歌，女生无意挡住了屏幕。男生走到屏幕前看歌词。

B类调情：两人在KTV里唱歌，女生无意挡住了屏幕。男：朋友，请你往后退一步，不要用你丰满的身体，挡住我对艺术的追求。

③ 女生主动展示性魅力的时候：B类调情代替赞美，既让女生很开心，又能保持男生姿态。

无聊先生：女生在微信上给男生发了张泳装照，男：身材真好。

B类调情：女生在微信上给男生发了张泳装照，男：不要挑战我的底线，我在这方面没有底线。

性冷淡

在女生看来，女人对男人最大的价值就是性价值，是女人对男人吸引力的源泉。在女人的思维定式中，两性互动的时候，如果男人渴望自己的性价值，就会表现得很热情；如果男人不渴望自己的性价值，就会表现得比较冷淡。两性互动的时候，如果一个男生对女生形式上跟女人很友好、很热情，但是从内心到外在表现都对女生的性价值毫无兴趣，会对女生造成意外的冲击，让女人产生证明自己性价值的冲动，也就是说，对男生产生了性期待。

（1）在日常的生活和工作中。男生的主要任务是创造价值、征服世界。所以，在日常的学习和工作中，男生保持性冷淡的状态（不讲黄段子、不偷瞄女生、不占女生不便宜、经得起诱惑），是控制力和责任感（有前途两板斧）的体现。在女生看来，这样的男生才是有出息的、有价值的，才是强大的、值得托付的。这方面的代表人物是唐僧。

（2）和女生第一次见面。男生表现出绅士风度，态度很友好，该笑笑，该幽默幽默，该关心关心，但是面对女生的时候，瞳孔不放大、不会咽口水、目光不在女生的身体部位多待一秒,主动避免和女生肢体触碰,会让大多数女生感到很意外(什么情况?竟然对我不饥渴),继而高看男生,感觉男生很有挑战,拉高了女生的预期。

(3)感觉到女生在性方面有回避或抗拒的时候。当男生希望在性方面和女生有进一步的互动(B类调情、肢体接触),而女生采取回避或抗拒的态度,男生应该停止进攻,收起攻击性,即刻转变为性冷淡路线(停止对女生的一切要求,跟女生保持肢体上的距离,把男生眼神中的欲望熄灭),性冲动由火山马上变为冰山。女生一开始会觉得男生尊重自己、挺有绅士风度;接下来会感觉有点不对劲,男生是真的没兴致了;再往后,女生开始焦虑了,因为她最引以为傲的价值在男生这儿没意义了,反而拉高了女生的预期。性冷淡,不是小心眼儿,不是给女生甩脸子,而是性致缺失,但男生表现出的态度仍然很友好,该笑笑,该幽默幽默,该关心关心。

六
联想：如何让女生变得更主动

请思考这是为什么

（1）男生随意说了一句话，女生大发雷霆。
（2）男生在微信上要了张照片，就被女生拉黑了。
（3）男朋友接了个女同事的电话，女生觉得世界要塌了。

自卑联想

每个人或多或少都有自卑情结，女生在情绪上比男生更敏感。女生的自卑点有可能是：力量不足、长得不好看、胶原蛋白在流逝、出身不够高贵等等。自卑虽然会让女生的状态收缩、抗拒、抑郁、消极，但合理利用女生的自卑情结，可以端正男女双方的姿态，改善两人的关系，反而增加女生对男生的认可和兴趣。当女生身段太高，态度不积极的时候，偶尔让女生产生自卑联想，会对女生造成情绪冲击。一方面，女生的潜意识会认为，能让自己自卑的男人应该是个强大的男人；另一方面，女生会在溯源心态的作用下，从男生身上找回存在感，完成自我证明。

溯源心态，就是指人在某个人或某件事上挫败，被剥夺了存在感，就会试图在这个人或这件事上重新找回存在感,完成自我肯定。

自卑联想的操作要点,是通过观察,找到女生的敏感面和自卑点,然后漫不经心地触及女生的自卑点,之后就像什么都没发生过,不要自鸣得意,不要等着看热闹。

例:

① 男生拿着一本杂志,问整过容但很高冷的女生:"杂志上这个女的是不是做过鼻综合?"

② 约会的时候,男生突然问打扮得花枝招展、姿态高高在上但却是农村出身的女生:"现在农村里还养鸡吗?"

③ 男的判断出女的学历低,问女的:"你们大学的室友还经常联系吗?"

自信联想

自信可以让女生更有存在感,从心理和行为上都更放松、更开放、更好交流。俗话说,男人通过征服世界征服女人,女人通过征服男人征服世界。正常情况下,男生从社会上找到自信,女生从男生那里找到自信,再加上女生天生比较敏感,所以男生的一个鼓励、一个眼神、一个态度等,都有可能让女生产生大量联想,提升自信心,让女生找到存在感(我有价值、我很重要、我被需要)。在恋爱过程中,当女生对男生表现出积极主动的态度时,男生及时给女生正面反馈,让其产生联想、自我认可,提升自信心,我们称这种方法为自信联想。自信联想一方面可以增强女生的自信心,另一方面可以增加女生对男生的依赖度和服从度。

自信联想的操作要点,一是要把握好时机,当女生对男生表现出积极主动的态度时,比如:女生主动调情、主动关心男生、主动解决问题、主动服从等等;二是男生在态度上、语言上、行为上要及时给予女生正面反馈,这种反馈要带一点夸张的效果,将普通的夸奖和鼓励,上升为一种强烈的情绪体验,同时保持了男生的高姿态。

例:

① 她主动为你做了一顿早饭,你说:"真是太好吃了,我要是皇帝就把你从后宫调到御膳房去。"

② 两人冷战之后,她主动在微信上给你打招呼,你直接回她一个红包,写着"宝宝,昨天我老了一岁。"

③ 女生给男生买了一件衣服,男生那几天天天穿那件衣服,脏了都不换,女生问为什么,男生说:"二十多年了,我第一次感觉自己像男模。"

可信度联想

可信度联想,就是男生不经意地向女生展示了一点正面信息,引发女生美好的联想、幻想、好奇心,以点带面地认为男生很好、很棒、很优秀,no problem, very nice! 相当于男生协助女生自己说服了自己。可信度联想在让女生拉高预期、触电、来电的过程中,有出人意料的效果,而且男生姿态越高,起到的效果越好。可信度联想在很多场景下,比对女生直接表达更可信、更有效。这是为什么呢?因为女生跟男生的互动过程中,心理上有很强的防御机制。男生鲁莽的直接表达,会正面遭遇女生的心理防御机制,而男生不经意的一个眼神、一个动作、一句话,往往可以成功避开女生的心理防御,直达女生内心世界,四两拨千斤。

可信度联想的操作要点,就是抓住时机,突然发动进攻,我们称为突袭。比如突然有机会关心女孩子,突然有机会展示自己的爱心,突然有机会展示自己的绅士风度等等。马上采取行动,一个突如其来的关心、一个莫名其妙的问候、一个温暖的眼神、一个暧昧的动作……快速进攻,快速撤退,千万不能拖泥带水。不要表达太多、太全、太直白,效果上点到为止,留下足够的想象空间。

例：

转自网友自述：

① 两人去约会,男生很礼貌地给开门的女服务员说了一声谢谢,非常有绅士风度,女服务员羞涩地低下了头。站在一旁的女生心想,这个男生以后也会这样温柔地对我吧,很好、很棒、很优秀,no problem,very nice!

② 一桌人吃饭,女生在跟旁边人聊天的时候,男生用女生的筷子给女生夹菜,女生心想,这是何等的细心啊,一般人都会用自己的筷子夹菜的吧,很好、很棒、很优秀,no problem,very nice!

假想敌

假想敌,顾名思义,就是想象中的情敌。为什么要给女生创造想象中的情敌呢？因为在某些特殊情况下,女生会过度关注和计较男生的缺点,不够理性。比如,在预判阶段,男生在女生的眼中永远是不够高、不够富、不够帅的。在测试阶段,女生往往会抓住男生的一两个缺点锱铢必较、来回纠结。这种时候,就需要给女生敲一敲警钟,回到理性的状态,客观地评估男生,多关注男生的优点,而不是吹毛求疵,错过了一段大好姻缘。

当女生感觉到有假想敌的时候,有可能会吃醋,也有可能不会。但女生的好奇心,会让她们忍不住地联想：以这个男人的条件,会找到什么样的女生？有我好看吗？有我年轻嘛？有我时尚嘛？会比我对他更好吗？等等。只要女生开始这么想了,她就开始客观地看待你的价值了,甚至开始在意你的优点了。所以说,这个方法可以提升女生对男生的兴趣,平衡双方关系,在有些关键节点,有利于关系突破。

引入假想敌的技巧?

目标是在女生心目中形成一个认知:他应该挺有市场的!

(1)假动作。在心仪女生面前,要表现得并不缺女人。不是通过吹嘘,而是通过假动作,激发女生的好奇心和联想。

例:在跟女人面聊的时候,拿起手机发个消息,还神秘地坏笑一下,让女人觉得你好像在跟别的女人聊天,没事儿的时候,不时看看手机。

跟美女聊高级化妆品:雅诗兰黛的眼影;迪奥的口红;SK-II 的护肤品;娇兰的粉饼;兰蔻的护肤品。

(2)对标。就是找到同类目标进行比较分析。女生会通过你的前女友或你身边人的女友的质量,来评估你配得上什么样的女生,再比较分析她自己比这个假想的女生水准更高还是更低。

例:如果你的某个前女友比较漂亮,你俩的合影被现在的追求对象看到,她会想,这个男人身上一定还有我没有发现的价值。

如果你们去聚会,你的哥们儿都带着漂亮的女朋友,她会想,这个男人就算不找我,也应该会找到漂亮的女朋友。

如果你的朋友圈里,展现你的生活、工作、娱乐中经常出现美女,她会想,这个男人身边美女很多,机会应该不少。

七
缘分感：如何让女生觉得你是她的真命天子

请思考这是为什么

(1) 一次偶然的相遇，四目相对，感觉缘分到了。

(2) 两个人聊得很投机，相见恨晚，感觉缘分到了。

(3) 单身那么多年，终于等到了那个人，感觉缘分到了。

缘分感

《大话西游》中，至尊宝抽出了紫霞的宝剑，紫霞感觉碰到了真命天子，对至尊宝的态度彻底变了，最后命都搭上，还很幸福地走了。这是为什么呢？这是缘分的力量。在人们心中，缘分就是上天的安排。人之所以预期缘分，是因为缘分很美好。缘分没到的时候，它是人们坚持下去的动力，是爱情的安慰剂；缘分到了的时候，它让人感到激动和满足，是爱情的兴奋剂。所以缘分在爱情中具有至高无上的地位。

在恋爱过程中，女生通常比男生更相信缘分的力量。这是为什么呢？因为在两性关系中，男生是主动的一方（在寻找），女生是被动的一方（在等待）。等待什么呢？等待上天的安排，等待爱情的降临，等待对的人突然出现在自己面前。

在恋爱的时候,给女生创造足够的缘分感,女生会觉得:① 之前的努力和等待都是值得的;② 眼前的男生很难得;③ 要珍惜两个人的缘分。也就是说,缘分感会让女生把爱情中的很多事实合理化,自己说服自己,沉浸其中,难以自拔。

哪些元素能给人传达缘分感呢?

各种小概率事件,偶遇,重逢,看对眼儿,聊得来,热得快,心动,奇迹,梦想,因缘巧合,人际纽带,善有善报,契合等等。

天意

因为女生更相信缘分,所以女生希望爱情中的姻缘巧合都是上天的安排。男生要善于把爱情中的各种细节穿起来,用文学手法、神秘现象、命运安排去诠释和解读,这样更符合女生心目中的爱情剧本。在爱情问题上,女生渴望这一切都是上天的安排,而不是人为的预谋。有一种神奇的力量在支配着命运,女生在这种力量面前会产生服从、感恩、满足等积极的情绪,就好像抽奖抽中了,所发生的事情是爱情的奖品。

(1) 相遇和重逢的时候:真是太巧了、没想到、这么多年没有白等。

例:毕业 10 年后,学长和学妹在聚会上相识——10 年前两人只是一起办过一场晚会。学长发表了一通缘分学说,学妹心跳漏了半拍,心想,真是太巧了。

(2) 有人付出的时候:你是上天派来的、冥冥中注定要照顾你(我)、感恩、之前的努力是值得的。

例:学妹和学长好上了。学妹生病住院,学长熬夜照顾。学妹说,把你累坏了。学长说,我是上天派来照顾你的。学妹心跳漏了半拍。

（3）回忆的时候：如果×××我们就错过了、要不是×××也不会、缘分太奇妙了。

例：学妹和学长回忆学校里那场晚会，学长说，当时是因为他的好哥们儿病了，他去帮忙才遇上了学妹。学妹心想，缘分真是太奇妙了。

（4）人生轨迹交叉点：太神奇了、上天注定我们在一起。

例：学妹随意翻看学长小时候的照片。学妹惊奇地发现，有一张学长在游乐场的照片背景中，学妹的爸爸拉着学妹的手出镜了。学妹心想，上天注定我们在一起。

共鸣

共鸣，就是两个人相互感染产生浓烈的情感连接——相互理解、相互认同。茫茫人海中，能够找到一位理解自己、认同自己的异性，会让人找到强烈的归属感（我不孤独、我有同类）和存在感（我有价值、我很重要、我被需要）。在恋爱过程中，一位能跟自己共鸣的男生，会让女生感觉到这个男生与众不同，非常难得，要珍惜缘分，会让女生触电、来电，产生越来越多的情感连接。

男生和女生之间的共鸣点可以有很多。例如：经历一致。两人因为共同的经历或背景而相互理解；三观一致。两人有共同的价值取向、人生目标、处事方式、兴趣爱好、审美取向；情绪一致。针对相同的事物，两人产生相同的情绪体验（喜怒哀乐）。但是，什么样的共鸣才是真正能够打动人心的力量呢？不是吃喝拉撒，不是兴趣爱好，不是处事方式，甚至不是价值观。共鸣是一个人对另外一个人人格的深度理解和认同。

每个人都有自己的成长轨迹，都有自己的行为模式，都有自己的爱情追求。我们能站在女生成长经历的角度，对女生的行为和决定做出理解和认同，就能让女生感觉到——他很懂我、他有同理心、他有爱。理解和认同不是迎合女生、不是拍马屁，是直达女生内心深处的某个声音，这个声音是女生内心深处最需要外界认同的某种渴望。

实用型：过于依赖亲密关系，性格不成熟，不够独立，害怕失去舒适的生活，缺乏勇气追求真爱和条件更好的人。虽然重视亲密关系，但内心里有自己的渴望和追求，对自己有清晰的认识。

虚荣型：从小到大都很优秀，对自己要求太高，不够洒脱，活得比较累，太看重面子，缺乏勇气追求真爱。其实并不自我，在乎别人，在乎社会，遵守游戏规则。

真爱型：在家庭中没有得到足够的爱，但是凭借自己的努力，在社会上找回了一些自我肯定，一方面想弥补家庭带来的爱的缺失，一方面又害怕亲密关系，总是不敢走出那一步。遵循内心的渴望，做真实的自我，敢于追求，哪怕付出代价也不轻易妥协。

封闭型：在家庭中没有得到足够的爱，走上社会也没有得到很好地满足，太多的挫折让自己感觉不会拥有爱情，对自己信心不足，认为自己没有很好的条件去得到自己想要的。你的灵魂独一无二，让我很好奇；你的思想与众不同，让我印象深刻；冲破了家庭的伤害，活出了自我。

招标

再强大的男人也有脆弱的一面，而脆弱的这一面，恰好是女生的擅长，这就是招标。亲人们要注意两点，高姿态下、有针对性的示弱才是招标。低姿态的示弱就是乞讨，没针对性的示弱是矫情。

在爱情中，男生是引领者，女生是参与者。参与者更渴望实现自己的价值。招标，可以让女生找到自己的位置，找到存在感（我有价值、我很重要、我被需要）；可以让男生的形象更真实、更可信、更有立体感，强化女生对男生的可控性，降低女生对风险的顾虑；还可以让女生对未来产生大量的联想，制造画面感，对两人的关系充满预期，产生越来越多的情感连接。女生如果在两性关系中找不到自己的位置，实现不了自己的价值，会认为这段关系存在较大的风险，因为男生可以随时不需要自己。

在正确的姿态下，男生向女生更多展示的是高标准——我是有选择、有标准的。但是，当男生发现女生某方面的价值和特长，可以有针对性地示弱，表达出自己的需求，让女生对号入座——这一定是上天的安排，要珍惜缘分。

如何示弱呢？

① 分享自己脆弱的一面，表示你对她的信任；

② 大方寻求对方的帮助，给对方展示价值的机会；

③ 如果对方发现自己的弱点，自己大方承认，表示肯定；

④ 重要决策（决策跟对方无关）时，真诚地征求对方意见。

男生的示弱，会弱化女生的防御机制，激发女生的母性，拉近距离，让女生产生展示价值的冲动——关心男生、为男生解决问题。

八
变调：女生爱上男生的真正标志

请思考这是为什么

（1）有的女生相处三天就确立关系了，有的女生约会半年才松口。
（2）女生跟男生相处了半年，觉得男生哪哪都好，就是没感觉。
（3）同事了三年没感觉，男生一个英雄救美，女生就心动了。

电路图

有电必有路，没路电不通。也就是说，再神秘的爱情也有它的电路图，电路图就是男生让女生来电的流程图。爱是如何产生的、爱是如何发展的、爱是如何消失的？搞清楚爱情电路图，才能清晰地知道，在恋爱中先做什么、后做什么、不做什么、为什么。这样才能更好地享受爱情、把握爱情，走向幸福之路。

怎么了解电路图呢？

在恋爱中，女生对男生的态度，说到底都是由男生给女生带来的电量决定的。根据电量的多少，女生给男生不同的待遇，例如，可以搂了、可以啪啪啪了、可以当男朋友了、可以分手了，这就像一个基于电量的关系进度条,我们称之为电表。

之前我们学习过,如果男生对女生的行为和态度让女生触电、来电、漏电,就会改变女生的电量,电量的高低决定了女生给男生的待遇。

在电表中,最重要的一个节点,就是我们之前学习过的女生开始变调。变调之前,女生考察的主调是男生的价值,考察的辅调是男生的可控性,这个阶段,男生的工作重点是让女生不断触电,拉高预期;变调之后,女生考察的主调是男生的可控性,考察的辅调是男生的价值,这个阶段,男生的工作重点是让女生来电,锁定关系。

在现实恋爱关系中,亲人们比较困惑和苦恼的主要在女生变调之前,如何让女生高效触电,避免漏电,拉高预期。

高压电

虽然都叫触电,但对女生的情绪冲击有大有小,给女生冲击力比较大的触电,叫作高压电。高压电可以快速拉升女生的情绪和预期,让女生刮目相看,大幅增加女生电量。在现实生活中,哪些触电可以称为高压电呢?例如,女生碰到了困难,男生挺身而出;霸道总裁突然变得柔情似水;女生发现男生的追求者很漂亮。这些事情一方面让女生对男生的价值另眼相看,另一方面又对女生的情绪造成了很强的冲击力,带来很高的电量。

高压电的特征:

(1) 突然性——出快拳

① 反差萌:IT男突然给女生弹钢琴。

② 态度推拉:一个天天黑女生的男生,突然给女生解决了问题。

③ 冷淡定:男生和性感美女见面,男生表情淡定、目不斜视,让女生

十分意外。

（2）高价值——出重拳

① 出乎意料：女生在朋友圈抱怨心情不好，男生一个红包干过去，写着：生日快乐！

② 假想敌：高傲的女生，突然发现男生的朋友圈里好多美女围着他。

（3）战术组合——组合拳

① 反差萌＋共鸣：一个很高冷很严肃的男生，突然跟女生共鸣。

② 亮贱＋英雄救美：一个平时逗比的男生，关键时候特别有担当。

③ B类调情＋性冷淡：微信上跟女生开各种放肆的玩笑，见面后突然变成性冷淡。

④ 自卑联想＋自信联想：男生是部门经理，经常在工作上批评女生。突然有一天，女生听公司老总说，男生评价女生是部门的顶梁柱。

催化

催化就是男生的某个价值特别明显，女生会同时认可男生的其他价值，起到锦上添花的效果。例如，男生是公司老板，女生会觉得他学历不低；男生长得帅，女生会觉得他不缺女朋友；男生是高学历，女生觉得他应该很有上进心。

（1）天意＋共鸣＋招标：失散多年的学长学妹重逢，学长让学妹共鸣了，学妹发现学长在创业，身边缺一个勤快的女朋友照顾，学妹就把这个位子补上了。

（2）英雄救美＋自残：女生病了，男生把女生送到医院，在病床边守了三天三夜。

（3）性冷淡＋花痴：女生突然发现，平时对自己很淡定的优秀男生，用她的照片做手机屏保。

变调

变调就是女生对男生考察重点的此消彼长。在测试阶段,女生对男生展开详细考察,确定其是否值得推进关系。当男生向女生不断展示价值,女生对男生的预期累加到一定程度之后,这种预期会由量产生质变。变什么呢?女生想为这棵树放弃整片森林了。那这棵树值不值得呢?还要看这棵树对自己是否真心诚意、忠贞不贰,也就是说,女生想要重点考察男生的可控性——这棵树能不能属于我。这时候,女生的态度上会发生微妙的变化,也就是开始变调了,变得更加主动、更加敏感。变调之前,女生考察的主调是男生的价值,考察的辅调是男生的可控性,我们称这个阶段为价值测试阶段;变调之后,女生考察的主调是男生的可控性,考察的辅调是男生的价值,我们称这个阶段为真心测试阶段。对男人来说,这是一个最重要的节点,男生的行为表现要做出相应的变化,由重点展示价值向重点展示可控性转变,最终让女生来电,俘获芳心。

大家都很想知道,女生的变调是怎么发生的呢?其实很简单,电量累积到一定程度,女生就变调了。如何累积呢?电量是基于男生奖品性累积的。男生的可控性、愉悦她、关心她、为她解决问题、性生活满足她、让她有面子、为她花钱,打分不分先后、不看比重,总分到了就行。这时,女生想起男生就会兴奋,产生越来越强的预期,萌生锁定关系的念头。

如何识别女人开始变调了呢?可以观察女生的放电信号。放电信号是女人暗示男人发起总攻的潜台词,这些信号有些是有意识发出的,有些是无意识发出的。这些信号出现了,男人应该主动采取来电行动。

放电信号(女生做这些事是要付出一定成本的):我们俩什么关系、查岗、谋划未来、远程旅游、拥抱、接吻、愿意跟男生单独过重要节日、很在意男生的情绪、向男生哭、主动牵男人的手、给男生买衣服、给男生做饭、给男生收拾房间、请男生到自己家谈心、赞美男生与众不同、女生向男生表白。

女性在选择男性过程中,总是想选择收益最高的——我可以拿到的最高分。在现实社会中,同性竞争无时不在、无处不在。就算此刻没有进攻她的男生,女生也会对身边的男生进行筛选分类,等待着最中意的那个人出现。无论如何,只要这个男生能让女生的电量累积到让女生兴奋并且预期的程度,她就会意识到,这就是此时此刻"我可以拿到的最高分",意味着女生的心态已经开始变调了。

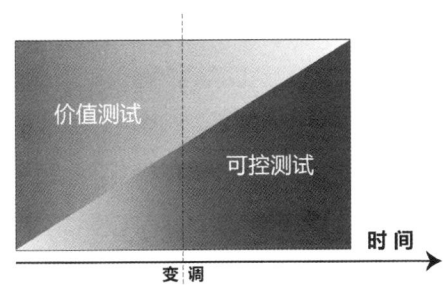

爱情标尺

在两性关系中,有哪些行为代表了爱情的本质呢?这些行为同时也是一种标尺,为我们判断爱情关系(我爱不爱她、她爱不爱我)提供了参考标准。一个人为了另一个人的某类价值,愿意放弃其他异性,锁定对方,建立长期关系,也就是为对方变调,这些不同层面的价值代表了不同层面的爱情标尺。

（1）性价值：性吸引力（形象、攻击性等），形象引领着性吸引力。

（2）生活价值：相互陪伴、相互需要（财富、智慧、形象、名声、有市场、责任感等），财富引领着生活价值。

（3）人格价值：欣赏对方的人格（智慧、名声、有市场、自信、勇敢、攻击性、控制力、责任感等），智慧引领着人格价值。

爱情标尺意味着一个人对另外一个人爱情的浓烈程度。

1.0排量：对性价值、生活价值、人格价值三类价值中的某一类价值强烈渴望。

2.0排量：对性价值、生活价值、人格价值三类价值中的其中两类价值强烈渴望。

3.0排量：对三类价值都强烈渴望。

九
超级表白：风险更低的表白方式

请思考这是为什么

（1）高级餐厅门口，男生蹲下身给女生系鞋带，女生来电了。

（2）男生亲手做了一个很丑的蛋糕给女生过生日，女生来电了。

（3）女生喜欢钢琴，男生在咖啡馆里弹了一首《致爱丽丝》，女生来电了。

传统表白的白纸黑字

当感情发展到一定阶段，为了确立两人的恋爱关系，传统的整法就是男生向女生表态。表什么态呢？我想和你在一起，我会好好照顾你，我发自内心爱你……就是让女生感受到男生的真心诚意——可控性。这种方式比较简单，在女生对男生预期值比较高的时候确实有效，但在实际的应用中存在一定的风险。因为男生很难把握表态的时机（现在该不该真情告白？早了还是晚了？），很难把握女生的想法（她对我有感觉吗？她会接受我吗？），一旦时机不对、操作不当，就会给双方造成了很大的心理压力，把一场胜利在望的战役很可惜地输掉了。

真情告白——我想和你在一起!

举例:我爱你;一生一世;永远在一起;你是我的唯一;我认定你了;我陪你去看海;我的未来有你;我们结婚吧;我会负责的;不能没有你。

仪式感——你对我很重要!

举例:钻戒;玫瑰花;烛光晚餐;心形蜡烛;巧克力;情侣相册;情人节礼物;生日礼物;月亮代表我的心。

在现实中,有一部分女生觉得一定要有真情告白和仪式感这样的白纸黑字,才能说服自己投入关系,我们把这种心理机制称为合理化。也就是说,白纸黑字是必须有的,就算女生心里已经认可男生,要想确立关系,这步少不了。这种女生通常自尊心比较强,在形式上需要得到足够的重视。主要表现为:

开不起玩笑、态度比较强势、轻易不示弱、不认错、不服输、不能被轻视、不能被侵犯、严肃、习惯性绷着。

我们必须承认文字表白有巨大的风险,一是给女孩子压力很大,二是失败以后很难挽回局面。但是,当女生变调之后,男生不展示可控性就容易让女生漏电,无法推进关系,甚至让关系开倒车。所以,我们可以利用一些非语言表态的方式向女生展示可控性,推进关系。我们称这类表白方式为超级表白。

点火

点火——我发自内心渴望你!点火就是男生和女生肢体接触,包括:触摸、牵手、搂、拥抱、亲吻等。亲人们要记住,肢体接触不是去占女生便宜,是在女生变调之后,男生表达内心渴望的方式,让女生感觉到男生的真心诚意和可控性,快速拉高女生情绪,让女生来电。

在女生对男生变调之前,男生不应该主动对女生进行肢体接触,在女生看来,这时候的肢体接触就是想占便宜,俗称吃豆腐,显得男生很饥渴、价值低、交往目的不纯粹。如果男生表现出绅士风度,态度很友好,主动避免和女生肢体触碰,会让女生高看男生,拉高了女生的预期。

在女生对男生变调之后,在某些时刻,需要靠肢体接触来表达男生对女生的兴趣、渴望、态度,就要顺其自然地和女生肢体接触。这些时刻如何把握呢?男生已经发现女生在用肢体语言释放信号,处于等待状态。

女生口头提出要求(抱抱、亲亲等,调侃的除外);女生主动肢体接触男生(触摸、牵手、搂、拥抱、亲吻);女生主动靠在男生身上;特别浪漫的二人世界(山顶、沙滩上、时代广场);女生向男生哭诉的时候;深夜独处(不限场合)。

举例:

转自网友自述:认识第六天,一起去天津的摩天轮,天津之眼。在过最高点的时候他亲了我,在一起。

转自网友自述:我们第一次牵手的那天,我忙了一整天蓬头垢面不修边幅就去见他。结果过街的时候,在人潮汹涌的街头,他突然紧紧拉住我的手。一副非常开心的样子。那一瞬间,我觉得整个世界都温柔了。

转自网友自述:站在天台上看我们的高中、看整个城市,风大,他从后面环住我,把我裹在他的外套里,温柔地亲我的头发。

花痴

花痴——我的眼里只有你!指男生对女生如痴如醉、情不自禁地忘我状态。女生可以从男生的花痴状态中,解读出高度的可控性——他的眼里只有我。在女生变调之后,这种示爱方式让女生感觉男生电量很满、发自内心,很容易让女生受到感染,来电。花痴主要分为两个流派——童真派、幽怨派。

(1) 童真派:不管平时多严肃、姿态多高,在合适的气氛下(轻松、愉快),在女生面前表现得像个孩子一样。放电方式:专注的眼神、羞涩的笑容、天真的表情、不设防的聊天、兴奋的状态、傻傻的动作、陶醉的样子。

举例:

转自网友自述:他在加班,一直在接电话,我坐在他后面的沙发上低头玩手机,他突然转过来蹲在我旁边,边看着我边微笑讲电话。我想我喜欢上他了……

转自网友自述:看他手舞足蹈地比划机器人变身、飞机起飞,兴奋不已地描述小时候穿的波鞋有多炫酷,你心里会想。这分明是个小P孩,看他人前装冷漠成熟,处理事情干脆利落的时候觉得他有光环,所以只想推倒他。

(2) 幽怨派:不管平时多幽默、多坚强、姿态多高,在特殊的时机(离别、矛盾、浪漫),在女生面前表现得像个忧伤的诗人一样。放电方式:偶尔发呆、淡淡的忧伤、吃醋生闷气、伤感的语言、写诗、情歌、喝多了、杞人忧天。

举例:

男生喝多了,聊得正高兴,男生突然发呆,女生问怎么了,男生说:你看这个杯子和椅子,只隔了一米,为什么它们总也碰不到一起。

KTV里,女:说实话,你为什么一直单身?男:这么多年,我一直想知道,像我这样每天为了事业,连三餐都不能按时吃饭的人,(炙热的眼神看着女生)有没有资格去爱另外一个人。

自残

自残——爱你胜过爱自己。女生预期着一个发自内心关心自己的男生。男生表达真心最好的方式,莫过于牺牲精神。具体怎么做呢?就是在女生陷入困境的时候、发出挑战的时候、任性的时候、某些重要时点(节日、约会),男生超出女生预期地牺牲自己、放低身段、不辞劳苦、豁得出去等等,做出某些有利于女生的行动,让女生感觉到,这个男生"爱我胜过爱他自己",一方面让女生找到很强的存在感(我有价值、我很重要、我被需要),另一方面让女生感觉和男生在一起很有安全感(可控性),就他了。我们戏称这种表达真心的方式为自残,这种方式很容易让女生来电。

自残的操作要点:

(1) 要在"舍己"和"为她"之间形成一种鲜明的对比,才能给女生心理带来冲击,心灵带来震撼。例如,女生安全了,男生危险着;女生暖和了,男生冻着;女生有面子,男生豁出去;女生很舒服,男生很痛;女生吃爽了,男生饿着。

(2) 自残不是跪舔,要保持男人的高姿态。为女生付出的时候表现得不经意、风轻云淡,付出后不邀功、不求回报,不要自哀自怜。

十
梦想：打动人心的另类表白

请思考这是为什么

（1）有的单身女生条件非常优越，但时常感觉到心灵没有寄托。

（2）七仙女来到人间，董永给了她新的生活体验。

（3）很多人活得很压抑，感觉到各种束缚。

人生三大梦想

人人皆有梦想。梦想给人希望、给人动力，具有打动人心的力量。那女生有什么梦想？环游世界、安定的家、做喜欢的事、财务自由、青春永驻、没有大姨妈、足够强大……在这些五花八门的梦想中，有三大梦想是人人共有的。

心灵的港湾：让每个人的内心获得归属、安全、滋养的地方，比如：温暖的家、热腾腾的米饭、开个咖啡馆、动物收容所、乡间小别墅、外婆家的澎湖湾。

打开新世界：每个人都渴望得到新的人生体验，比如：灰姑娘嫁给王子、家教很严的女孩子爱上浪子、社会姐爱上高材生。

洒脱的人生：每个人都渴望自由地选择生活方式，比如：说走就走旅行、奋不顾身的爱情、漂洋过海来看你、做自己喜欢的事、活到老美到老。

如果女生从男生身上看到了梦想的影子，就会有心动的感觉。尤其是在女生变调之后，男生向女生展示了梦想的轮廓，会对女生产生强大的吸引力，让女生来电。男生向女生展示梦想，有两种方式。

方式一：样板间。通过实际的行动、实际的场景这些真实的感官体验，让女生产生美好的联想。这种方式对实用型偏好女生效果更好。

方式二：广告语。通过语言的描述、情绪的渲染、道具的配合，营造出唯美的画面，让人心驰神往。这种方式对虚荣型偏好女生效果更好。

心灵的港湾

再强大的人也有脆弱的一面。我们生活在高度竞争的社会中，每天身心疲惫，偶尔还会受点儿小伤，谁都渴望有一个心灵的港湾。它让每个人的内心获得归属、安全、滋养。

留守模式：在纷繁的社会中，筑起一道围墙，保护着自己的心灵。比如：开咖啡馆、开民宿、开花店、开烘焙店、开酒吧、开茶舍、养宠物。爱情追求是虚荣型和真爱型的人更容易产生这样的梦想。因为他们在生存竞争和同性竞争中，获得一定的自我肯定，存在某些优势，所以他们希望自己哪怕待在心灵港湾里也和社会继续保持互动。

逃跑模式：逃离社会，回到大自然和没人的地方。比如：世外桃源、秘密花园、动物收容所、乡间小别墅、海边小木屋、孤岛、沙漠、雪原、森林。爱情追求是实用型和封闭型的人更容易产生这样的梦想。因为他们在生存竞争和同性竞争中，没有得到自我肯定，有挫败感，所以他们希望自己远离生存竞争、远离同性竞争。

打开新世界

每个人都生活在特定的圈子里,很容易对身边的人和事产生审美疲劳。但是,人性里有强烈的好奇心,渴望了解更广阔的世界,获得新的人生体验。生活的圈子越小,对新世界的渴望越强烈。女生在选择对象的时候,潜意识中希望男生能给她推开新世界的大门。比如:灰姑娘嫁给王子、家教很严的女孩子爱上浪子、社会姐爱上高才生。这种渴望女生比男生更强烈,一般情况下,男生靠自己的努力打开新世界,女生在男生的引领下打开新世界。

在女生眼里,什么才称得上新世界呢?有钱人的生活、艺术生活、知识的海洋、专业领域、异域风情、全新的爱情体验。

例:

男生是学霸,能把女生在生活中的各种困惑和好奇说得清清楚楚,女生感觉身边有一部百科全书。

男生爱旅游,经常给女生讲各种各样的见闻,希望未来带着女生环游世界,让女生很心动。

女生是上海人,男生带着女生回了一趟云南老家,吃了许多少数民族的民族美味,看到了少数民族风俗习惯。

男生懂健身,带领女生走上了健身之路。

洒脱的人生

生活中充满了各种各样的束缚,让人感觉循规蹈矩、枯燥无聊。其实,人人都渴望自由地选择生活方式,活得洒脱一点,比如:说走就走旅行、奋不顾身的爱情、漂洋过海来看你、做自己喜欢的事、活到老美到老等等。但是对现实和未来的恐惧,让人们在生活中放不开,本质上是一种自我束缚。恐惧只会影响人的情绪状态,让生活幸福感降低。洒脱的状态可以让人充满力量,也可以对女生产生吸引力。洒脱不代表绝对自由,不代表不负责任,洒脱是一种生活态度,是更高的生活追求。作为两性关系的引领者,男生应该主动用自己洒脱的状态,去引领女生、感染女生,让女生为之心动,打开幸福的想象空间。

(1) 金钱自由:金钱自由和钱的多少无关,说的是面对金钱的态度。金钱是为人所用的,人不能变成金钱的奴隶。绝大多数人支配金钱的方式是"生活开支+储蓄",更科学的支配方式,应该是"生活开支+享受+储蓄"。只有加入享受型的投资,才能给人生再次充电,去赚更多的钱,实现正向循环。

(2) 时间自由:上帝唯一的公平就是给每个人时间都一样。有的人把所有的时间变成了"生存+睡觉+焦虑";有的人把时间安排得非常充实"生存+睡觉+娱乐+学习+情感+留白"。后一种人的时间就是自由的,因为,他会根据自己的需要,合理安排、灵活调整,让人生过得多姿多彩。

(3) 精神自由:精神自由是一切自由的基础。精神自由最困难,也最简单。简单说就是要敢想,敢想才会做。敢想就是突破社会观念、成长经历等各种各样的限制。对很多约定俗成、墨守成规的想法、观念、认知、价值,主动去思考,分辨出哪些才是自己最在乎的、最有价值的,建立起自己的取舍标准和行为方式。精神自由的人,不随波逐流,气质与众不同,对女生有很强的吸引力。

十一
内爆:让高冷的女生倒追自己

请思考这是为什么

(1) 有的女生比较高冷,让男生束手无策。
(2) 有的女生受过情感挫折,对男人戒备心比较强。
(3) 有的女生对爱情有认知障碍,投入感情很困难。

过度被动的女生

亲人们经常会遇到高冷的女生、忽冷忽热的女生、沟通很困难的女生,让男生感觉到莫名其妙、束手无策。这类女生让男生感觉很难接近,接近了也很难取悦,行为态度经常不一致,让男生感觉很累,按正常的恋爱方式,很难推进关系。

通过观察我们可以发现,这类女生有一个共同的特点,就是在两性的互动过程中,无论是说话还是做事,很难把自己的身段放下来投入到一段亲密关系中。我们说,两性关系中,男性是主动的一方,女性是被动的一方。但这一类女生显得极为被动,投入感情很困难。

其实很多情况下,女生也不想这样,只是因为一些心理障碍,习惯性地表现成这样。那这些心理障碍是怎么造成的呢？可能是女生曾经情感受过伤害，对男生的戒备心理比较强；可能是女生的原生家庭问题，导致她排斥亲密关系；可能是女生的某些客观条件造成了自卑情结，不敢正视感情；可能因为女生长相不错，从小就有太多的追求者；可能受朋友圈的影响，对男生采取对立的态度等等。

可以看出，造成女生恋爱被动的原因是很多的。不论什么原因，用正常的恋爱方式推进关系让男生感觉很累、很困难，经常无果而终。比如说，由于女生行为不一致，让男生困惑和苦恼；由于沟通困难，经常造成各种误会和猜忌；由于女生太被动，也让女生快乐指数比较低。

既然正常的恋爱方式打动不了她们，那用什么方式才能让她们敞开心扉、拥抱爱情呢？把正常交往的态度翻转过来就行了。正常人和人交往的态度是由冷到热的，翻转过来就是由热到冷。这会让女生重新审视两人的关系和自己的态度，修正自己的行为。我们把这种吸引方式称为内爆。

换挡

当女生对男生表现出爱答不理、态度不好、情绪不高的时候，不管是什么原因，总之是缺乏互动的欲望，我们称之为没兴致。兴致指的是女生跟男生互动的欲望。影响女生兴致高低的因素是很多的，男生不可能每次都了解得清清楚楚。但是，不管什么原因，当女生兴致很低，男生明显感觉到交流有障碍的时候，男生可以对自己的态度进行灵活地微调，例如，真诚的语气变成调侃的语气、调侃的语气变成高冷的语气，就像开车换挡那样，根据实际情况，及时调整态度的冷热。这种方法可以让男生掌握交流的主动权，同时让女生觉得男生有意思，产生一种莫名的吸引力。

我们称这种交流方式为换挡。

真诚的态度：语气充满诚意和爱意。

调侃的态度：开玩笑的语气，推拉、调情、变换称谓。

客气的态度：不卑不亢、礼貌得体、保持克制。

高冷的态度：惜字如金，没有情绪，拒人千里之外。

例：

男：今天刮大风了，出门多穿点儿。（真诚）

女：哦。

男：我也多穿点。（女生态度太消极，男生调侃。）

女：嗯。

男：嗯啥嗯，关你啥事儿。（女生态度太消极，男生调侃。）

女：……

男：时间不早了，快去上班吧。（女生态度太消极，男生客气。）

女：在路上呢。

男：从现在开始，我说什么话你都不要笑，尤其不要哈哈，风大！（女生态度好一点，男生又开始调侃。）

女：哈哈。（女生情绪拉高了。）

超级姿态

当男生特别喜欢一个女生，但是又感觉女生对待感情的态度非常被动，男生就要用极致的高姿态来吸引女生，我们称之为超级姿态。那什么样的行为才能体现出极致的高姿态呢？男生主动提供高价值，却对女生一无所求，甚至主动保持距离。这种方式会打破女生对男人的认知——男人都带着功利心和自己交往，让女生觉得眼前的男生姿态很高、与众不同,吸引力随之产生。

超级姿态的操作要点:

(1) 男生主动提供高价值。在某个时间段内,男生很热情地愉悦她、关心她、为她解决问题、为她花钱、给她面子。很多特别被动的女生,在接受这些价值的时候并不会给男生很积极的回应,让男生不知道接下来该怎么做。

(2) 这时候,男生应该表现得姿态很高——女生不给男生回应,男生也不寻求女生的回应。在某个时候,男生突然变得不主动、很沉默,态度骤冷——比女生还要消极,让女生感觉男生在一步步远离自己。持续一段时间之后,有的女生会主动联系男生,甚至直接向男生示好。

这种效应是怎么发生的呢?在男生沉默的那段时间,由于男生之前提供过高价值,而且态度变化得很突然,会让女生产生大量的联想。一方面会让女生反思自己的态度,甚至怀疑自己的价值,产生挫败感;另一方面,女生会觉得眼前的男生和平时那些死缠烂打、急功近利的男生相比,不仅有价值,而且有姿态、有底线,让女生高看,吸引力随之产生。

反表白

有一种爱叫作放手。我是如此喜欢你,所以我不想为难你;因为我爱你,所以我选择放弃……这就是反表白。

当男生向女生充分展示了价值,需要确立恋爱关系的时候,有些特殊情况下,男生会感觉通过正常的表白是行不通的,或者关系迟迟得不到突破,这时候男生就应该拿出应有的高姿态,考虑一下,是否应该继续对女生保持进攻态势。因为这种进攻可能根本就是无效的或者一直在给女生带来烦恼。为了让双方做出最后决定,最好的方式是男生向女生反表白。

反表白＝我很喜欢你＋不想为难你＋我要走了。

反表白对推进关系有多重效果：

① 跟表白一样，向女生表达了爱意。

② 让女生做出选择，打破僵局。

③ 保持了男生的高姿态——有舍有得。

如果女生心里是喜欢男生的，面对男生的反表白，大概率会接受男生，确立关系。

如果女生对男生的人品、真心还有些担忧，面对男生的反表白，女生会觉得在如此高姿态的男生面前，之前的担心显得很多余。

如果女生自我评价过高，面对高价值的男生即将离去的事实，女生要么让男生走——接受失败，要么在好胜心的驱使下，留住男生，恐惧失败比渴望胜利更能给人动力。

例：

（挑战派）没事的，考虑不考虑我的感受，我都接受。你是自由的……喜欢你就会给你自由……强迫不是我的初衷……相信我！我说完了。

（幽怨派）我感觉我像个傻子，我的自作多情给你带来那么多烦恼，而喜欢一个人是希望她快乐，所以我走了，亲爱的。以后你要好好照顾自己。

（慈善派）我觉得你一定会幸福的，可惜给你幸福的人不是我，因为我太爱你了，我不想我们的爱情有一点点勉强的成分，所以给你自由，早日找到幸福。

十二
触电难易攻略：满足型记忆的电阻分级

请思考这是为什么

（1）有的人家境优越、学业有成，整个人都很优秀，但在爱情中守株待兔、特别被动。

（2）有的人罗列一大堆择偶条件，给人感觉很难吸引到她。

（3）有的人忍受不了单身，对方条件差不多就想尽快进入关系。

满足型电阻情况

在现实生活中，我们观察到，有的人容易触电，有的人却很难触电，这是为什么呢？因为每个人对触电这件事儿的敏感度不一样，我们称之为每个人的电阻高低不一样。电阻低的人，一旦兴奋点出现，就很容易擦出爱的火花；电阻高的人，就算兴奋点出现了，由于个人的爱情认知抑制了联想，很难使自己兴奋起来，很难触电。

我们知道，一个人爱情认知的形成，主要来自原生家庭和社会两段经历的自我肯定情况。那么，对于原生家庭是满足型记忆的人来说，什么样的情况影响着他们的电阻呢？

（1）爱情追求是虚荣型的人当中，有一类人只看对方是否优秀，只看条件，在选择对象时表现出条件第一的特征，很难打动，电阻是最高的。

（2）爱情追求是虚荣型的人当中，有一类人不管碰到喜欢还是不喜欢的人，都不会主动，在选择对象时表现出绝不主动的特征，电阻有点儿高。

（3）爱情追求是实用型的人当中，有一类人希望对方完全以自己为中心，无条件照顾自己，在选择对象时表现出娇生惯养的特征，只要对她好，还是能打动她的，电阻相对不那么高。

（4）爱情追求是实用型的人当中，有一类人受不了单身的生活，在选择对象时表现出单身恐惧的特征，电阻是最低的。

条件第一

爱情追求是虚荣型的人当中，有一类人比较肯定自己的性价值（认为自己对异性有足够的性吸引力），这类人选择对象关注的重点就是对方的条件是否足够优秀（身份、财富、形象等一切能证明对方优秀的因素，都可以称为条件）。在她们看来，我这么优秀，在条件上不能妥协，否则会带来挫败感，带来自我否定。所以，在异性看来，这类人不是轻易能打动的，电阻非常高。

关键词：

有房有车、身份、优秀、学历、高富帅、有面子、条件好、我眼光高、工作、家境、事业、门当户对、拜金、阶级、品味、气质、钱、见识、眼界、智慧。

怎么办？

① 和这类人交往的主要条件，就是要让她们觉得对象足够优秀，足够有面子。在这样的前提下，别的事儿才能谈。对象越优秀，别的事儿越好谈。

② 这类人除了条件之外，对别的需求有压抑，比如，愉悦她、关心她。

所以，在条件及格的情况下，应该给对方更多的愉悦，更多的关心。

绝不主动

爱情追求是虚荣型的人当中，有一类人对自己的性价值不够肯定（认为自己对异性缺乏足够的性吸引力），这类人不管碰到喜欢还是不喜欢的人，任何情况下都不会对对方主动，宁肯错过也不会主动。为什么呢？因为这类人在家庭中和进入社会之后，都得到了自我肯定，认为自己还是比较优秀的。但是，由于她们对自己的性价值不够肯定，担心自己主动出击带来风险，带来自我否定。所以，她们在爱情中表现出绝不主动的行为特征。在异性看来，这类人比较被动，电阻有点儿高。

关键词：

不主动、掉价、廉价、送上门、不被珍惜、仪式感、姿态、身份、矜持、憋着、宁肯错过、控制。

怎么办？

① 对于这类人，对方优秀是个前提条件，也许她们不会把优秀挂在嘴边，但是她们内心很看重优秀这一条。

② 态度要主动，要真诚，要有热情，迎难而上，不要轻易放弃。这类女生很注重仪式感和流程，约会、培养感情、表白、求婚、结婚，一定不能随便，要体现出充分重视的态度。

③ 态度上要充分肯定对方的性价值，比如，夸对方性感、漂亮、有魅力等等。

娇生惯养

爱情追求是实用型的人当中，有一类人比较肯定自己的性价值（认为自己对异性有足够的性吸引力），这类人希望对方完全以自己为中心，无条件宠爱自己、呵护自己，来证明自己的重要性。在一段关系中，这类人非常在意对方的态度，不能有疏忽、怠慢、轻视，她永远是对的，错了也不能责备和批评。和这类人相处，虽然有时候会受点儿委屈和劳累，但只要对她们足够宠爱，足够好，还是能尽快进入恋爱关系的。在异性看来，这类人只要对她好，还是能打动她的，电阻相对不那么高。

关键词：

前任、爸爸、撒娇、哄我、宠我、呵护、保护、照顾、关心、紧张我、重视我、只喜欢我一个、对我好、为了我、玻璃心、任性、作、闹、存在感、宝宝、抱抱、公主。

怎么办？

① 这类女生渴望一位像爸爸一样的男朋友，要无条件地宠爱自己。所以，要像父亲一样地给她们关心、照顾，尽量宽容她们。

② 这类女生会不停地挑战男生的容忍度，以及处事原则。男生应该坚持自己的原则和主见，必要的时候，可以规范一下女生的行为和态度，这样才能使两人的关系良性发展。

单身恐惧

爱情追求是实用型的人当中，有一类人对自己的性价值不够肯定（认为自己对异性缺乏足够的性吸引力），这类人对两性关系产生强烈的依赖心理，受不了单身的生活。这类人在潜意识中，人格非常不独立，认为独自一人很难应对生活的种种难题和考验，只有生活在两性关系中，才感觉到安全、舒适和完整的自我。在异性看来，这类人是最容易进入关系的，电阻是最低的。

关键词:

孤苦、安慰、依靠、伴儿、家务、没人陪、拥抱、陪伴、分享、独处、焦虑不安。

怎么办?

① 这类女生非常渴望陪伴,所以,男生要拿出足够的时间陪伴她们。

② 态度上要充分肯定对方的性价值,比如,夸对方性感、漂亮、有魅力等等。

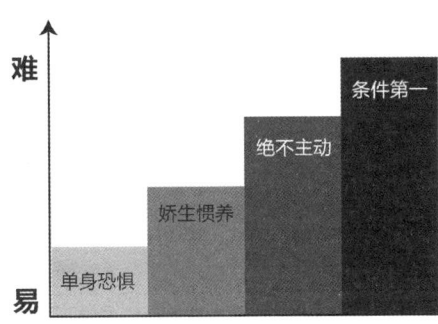

十三
触电难易攻略：剥夺型记忆的电阻分级

请思考这是为什么

1. 有的人自称不需要亲密关系，一个人过得挺好，两个人太麻烦。
2. 有的人一方面渴望爱情，一方面又恐惧爱情的伤害，总是在犹豫和徘徊。
3. 有的人只喜欢征服异性的快感，却逃避相处。

剥夺型电阻情况

在现实生活中，我们观察到，有的人容易触电，有的人却很难触电，这是为什么呢？因为每个人对触电这件事儿的敏感度不一样，我们称之为每个人的电阻高低不一样。电阻低的人，一旦兴奋点出现，就很容易擦出爱的火花；电阻高的人，就算兴奋点出现了，由于个人的爱情认知抑制了联想，很难使自己兴奋起来，很难触电。

我们知道，一个人爱情认知的形成，主要来自原生家庭和社会两段经历的自我肯定情况。那么，对于原生家庭是剥夺型记忆的人来说，什么样的情况影响着他们的电阻呢？

(1)爱情追求是封闭型的人当中,有一类人放弃了亲密关系,选择单身,在选择对象时表现出单身万岁的特征,这类人电阻非常高。

(2)爱情追求是真爱型的人当中,有一类人既渴望亲密关系,又恐惧亲密关系,在选择对象时表现出恋爱恐惧的特征,这类人情感很不稳定,电阻有点儿高。

(3)爱情追求是真爱型的人当中,有一类人反复沉溺于征服异性的过程,却不愿意进入亲密关系,在选择对象时表现出征服上瘾的特征,这类人电阻相对不那么高。

(4)爱情追求是封闭型的人当中,有一类人沉溺于性爱,非常频繁地和异性发展非亲密恋爱关系,在选择对象时表现出性爱上瘾的特征,这类人很随便,电阻是最低的。

单身万岁

爱情追求是封闭型的人当中,由于她在家庭和社会中,都没有得到过足够的自我肯定,不相信亲密关系,对爱没有信心,内心深处认为自己不配得到美好的爱情。她们会安慰自己,一个人过得也挺好,两性关系反倒是一种束缚。有这类特征的女性,通过其他丰富多彩的生活,替代了对两性关系的需求。在异性看来,这类人无法建立情感连接,电阻非常高。

关键词:

一个人挺好、充实、不需要、不适应、不愿意、不在意、自由自在、独来独往、喜欢旅游、逍遥、快活、习惯、独立、不想改变、不想谈恋爱、为什么要恋爱、为什么要结婚、麻烦、绝望、不配、自卑、抑郁、自暴自弃、放弃治疗。

怎么办?

① 如果希望靠一些感动和惊喜来和她们建立情感连接,是几乎不可

能的。

② 如果想和她们体验一下非深度的恋爱关系,也不是不可以的,但不能提出太多的约束条件,例如,想和对方同居、结婚;不能让对方承担过多的责任。

恋爱恐惧

爱情追求是真爱型的人当中,有一类人既渴望亲密关系,却又害怕亲密关系带来的伤害。不喜欢孤独,却又害怕两个人相处。她们即使进入了恋爱关系,也会反复折腾,一会儿渴望对方,一会儿排斥对方,通过互相折磨、来回折腾找存在感。在异性看来,这类人情感很不稳定,电阻有点儿高。

关键词:

伤害、担心、害怕、恐惧、怀疑、孤独、不信任、不安全感、矛盾、焦虑、逃避、抗拒、尴尬、不知所措、排斥、可怕、不敢、患得患失、敏感、折腾、无理取闹、累、伤害你、你走吧、离我远一点、我想静静、分手、胡思乱想、情绪化。

怎么办?

① 和这类女性交往,不能操之过急,要有一个漫长的相互接受的过程。这类女生极度缺乏安全感,哪怕很难,也必须获取她们的信任,关系才能取得突破。

② 这类女生不习惯一直很热的关系,这会加重她们对恋爱的恐惧,所以,男生在向女生充分展示完价值与可控性之后,如果对女生突然变得冷淡,反而会更加激起女生对爱情的渴望,增加爱情的动力。

③ 当女生的态度变得更主动、更热情、更开放,男生对女生的态度渐渐地由冷变热,让女生慢慢地建立起自信心(这份爱情是我努力的结果)、

幸福的想象力(爱情如此美好、生活充满希望)。

④ 在相处初期,要体谅女生的心理难处,不要被女生忽冷忽热的态度困扰,也不要试图跟女生讲道理,不管女生怎么闹,男生不离不弃的态度要很坚决。

征服上瘾

爱情追求是真爱型的人当中,有一类人会反复沉溺于征服异性的过程,却不愿意进入亲密关系,一旦对方表现出兴趣,她们马上就没兴趣了。在异性看来,这类人很主动,电阻相对不那么高。

关键词:

征服欲、挑战性、快感、掌控、我说了算、主动、贱、不喜欢被追、不喜欢送上门、勾引。

怎么办?

① 态度千万不能主动,表现出性冷淡,对对方毫无兴趣。一旦表现出兴趣,她们马上就没兴趣了。不能示好、不能称赞、不能送礼、不能表白、不能提要求。

② 只需要做好自己,等着女生主动向自己示好,然后很勉强、很不情愿地接受她们,即使相处也要随时保持高姿态和高身段,否则,对方又感觉丧失了挑战和征服地乐趣,又恐惧被亲密关系束缚,迅速逃避。

性爱上瘾

爱情追求是封闭型的人当中,有一类人会将恐惧、压抑、寂寞、羞耻等种种负面情绪,都和性产生联结,进而对性产生依赖,把性爱当作短暂的自我肯定方式。这类人沉溺于性爱,非常频繁地和异性发展非亲密恋爱关系,对自己正常的情感需求不负责任。在异性看来,这类人很随便,电阻是最低的。

关键词:

性、约、欲望、肉体、孤独、性暗示、刺激、幻想、上瘾、嗨、有反应、迷恋、尝试、渴望、骚、亢奋、兴奋、激动、快活、放荡、高潮、期待、纾解、羞耻。

怎么办?

① 这类人不相信亲密关系,不相信爱情,不要单纯地认为和她们发生了性关系,就能顺利走向亲密关系。

② 和这类人建立亲密关系需要克服一些问题,比如,对方的情史比较丰富、对方劈腿、复杂的情感纠纷、对方对人和亲密关系的不信任、对方除了性之外所能提供的其他价值有限。

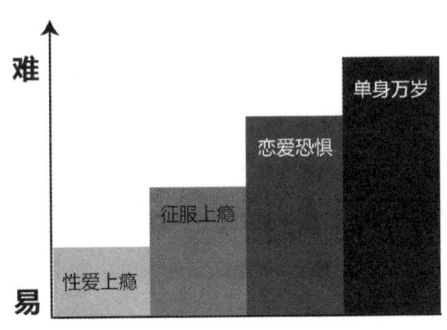

第 4 章 姿态聊天法

微信聊天的基本原则和正确姿态是什么？微信聊天的常见话题如何应对？如何通过微信和女生关系破冰？如何通过微信让女生拉高预期？如何通过微信完成邀约？当面聊天的基本原则和正确姿态是什么？当面聊天有哪些特殊技巧？

在本章中，你将彻底掌握两性沟通的技巧，提高自己的语言表达能力和感染能力，轻松拉高两性互动情绪。再结合姿态聊天法的经典聊天示范，举一反三、触类旁通，成为一个有姿态、有价值、有智慧、有情趣的魅力男士。

一
微信聊天的基本原则和正确姿态

请思考这是为什么

1. 两个人当面交流的挺好,一到微信上就感觉没什么话说。
2. 网恋的人隔空对话聊得很投缘,真到现实中当面聊天感觉很尴尬。
3. 有的人无论在网上还是现实中,都不擅于和异性交流。

微信聊天的特点

微信聊天三不要原则:不要纠结严肃话题、不要纠结理性逻辑、不要纠结对方的三言两语。

微信聊天完全不同于当面聊天。微信聊天不适合理性沟通,更适合情绪交流。所以,微信聊天的时候少发语音、少发长句、少问问题,这些元素在正常聊天中都不利于情绪的延续。大家记住一句话,在微信聊天的交流场景中,讲理讲不清,情绪最重要。

第一个不同,警觉程度完全不同。在微信聊天的时候,相比当面聊天,女生的防御心理较为薄弱,警觉性较低,情绪放松,想象力丰富,思维方式是发散的。当面聊天的时候,警觉性较高,思维方式比较理性。

第二个不同,表现手段完全不同。在微信聊天的时候,传递信息的方式比较单一,只有文字、表情、节奏,不利于表达复杂的观点、太理性的内容。当面聊天的时候,传递信息的方式非常丰富,有语言、语气、肢体语言、表情、道具、场景等,适合长篇大论、理性沟通。

微信聊天的出现,无论对男性还是女性,是一个前所未有的抒发情绪的舞台。对于女性来说,打破了各种传统和现实的束缚,可以更自由地抒发情绪;对于男性来说,更有利于弱化财富和形象的影响力,强化智慧、自信、勇敢、控制力等雄性领袖特征,通过拉高女生预期,完成邀约,推进关系。

内容开场

两人刚认识的阶段,女生相对比较矜持,最好选择内容开场,让女生有话可聊,不要用试探开场,让女生不知道怎么接。

(1)什么是试探开场?

试探开场就是嗨、你好、在吗、忙吗、在干嘛、笑脸表情。试探开场相当于把找聊天话题的责任和压力扔给了对方,不要把这个压力给女生。试探开场并不像大家以为的是懂礼貌,除了让女生无话可接之外,在女生眼里还会显得男生小心翼翼、怯懦、拘束、生分。

(2)什么是内容开场?

内容开场就是男生直接给女生提供聊天内容,比如,说个事儿、天气、朋友圈、图片、视频、情绪等等,让女生很轻松地直接接上话茬儿,没什么压力。内容开场的其他好处,就是可以展示男生的自信、幽默,同时显得两个人比较轻松和熟悉。

① 女生发了一个朋友圈。

(男生试探开场)在吗?

(男生内容开场)直接讨论朋友圈内容。

② 今天很冷。

(男生试探开场)好冷啊!

(男生内容开场)今天零下十一度,我已经在办公室楼下冻成了狗。

③ 中午吃饭。

(男生试探开场)吃了吗?

(男生内容开场)中午吃的云南过桥米线还是吉野家?

微信聊天的时间把握

微信聊天有两个目的,一是向女生展示有姿态、高价值的男人,拉高女生的预期;二是通过聊天筛选女生,判断女生是否适合谈恋爱。

有些男生认为,跟女生在微信上聊得很开心,时间聊得很长,就能得到女生的认可,建立亲密关系。其实,在微信上聊天时间的长短,跟是否实现了微信聊天的两个目的,没有必然联系。也就是说,跟女生聊的时间很长,女生未必认可男生;跟女生聊的时间很短,女生未必不认可男生。问题的关键在于,每次微信聊天中,不管时间长短,男生都向女生展示了姿态与价值;男生也从女生的反馈中,加深了对女生的了解,我们称这种聊天为建设性聊天。所以,男生跟女生的微信聊天,应该更看重互动的质量,而不是看重互动的数量。

(1)关于微信聊天的时长:从展示男生的姿态与价值,以及了解女生的角度来说,在微信上几分钟的有效沟通就可以达到效果了。但是,如果双方时间充裕,聊天的兴致也很高,聊多长时间都无所谓。

(2)关于微信聊天的频率:在有的男生看来,频繁地聊天可以加深感情,但这是有风险的。有可能让女生感觉:① 男生太急迫;② 男生没正事儿;③ 男生没市场,不受女生欢迎。这些都是低价值的联想。所以,从稳健的角度,在认识初期,男生向女生发起聊天的频率不宜过高。那这个频率如何把握呢?两天发起一次聊天是比较合适的,如果每天都发起聊天,就属于频率过高;但也不能长时间不发起聊天,至少一周得发起一次聊天,时间再长的话,会让女生感觉男生没诚意、不靠谱。

如何结束微信聊天

情况一:聊天气氛好。双方聊天的兴致都很高,话题不断。结束聊天的方式是获利了结。

每次微信聊天中,不管时间长短,男生应该向女生展示姿态与价值;男生也从女生的反馈中,加深了对女生的了解,我们称这种聊天为建设性聊天。在建设性聊天的过程中,女生情绪波动就像股票的 K 线,一定要在高点抛出,这种操作方式被称作获利了结。也就是说,在微信聊天中,最好在女生情绪被拉升之后结束聊天,让女生意犹未尽、拉高期待,这就好像炒股获利了之后,主动卖掉股票,兑现盈利,俗称的见好就收。如果获利之后不主动切断聊天,一旦女生情绪下降,不仅抵消了之前的好印象,甚至留下坏印象。

比如,跟女生聊天,聊得她哈哈大笑、情绪高涨,这时候就应该获利了结,主动切断聊天;女生有不开心的事,聊了一阵子,女生心情好多了,这时候就应该获利了结,主动切断聊天。

情况二:聊天气氛不好。双方聊天的兴致不是很高,找话题有困难,俗称尬聊。结束聊天的方式是理性止损。

有些时候,不管聊天的一方多么有诚意、多么努力、多么有趣、多么善于聊天,对方就是不感冒、不接话题、没有情绪连接,也就是说,这个天儿确实聊不下去了。如果继续强聊下去,会让没有兴致的那一方感觉有压力,甚至变得烦躁;有兴致这一方,由于一直得不到积极回应,也会产生大量负面情绪,我们称这种聊天为毁灭式聊天。所以,当男生感觉到这段聊天有可能是毁灭式聊天,男生应该理性一点儿,克制一点儿,主动切断聊天,可以说有事儿先忙去了,或者直接不回复。关于毁灭式聊天的识别标准,女生在整个互动过程中完全没有投入情绪——全程不理、全程敷衍、全程客气。

比如,女生基本不回复男生,男生滔滔不绝地发了好几十条;女生的回应始终是一两个字敷衍男生,男生仍然兴致勃勃地聊个不停;女生从始至终对男生都非常客气,男生还以为女生很愿意聊。

二
微信聊天常见话题的智慧应对

请思考这是为什么

(1) 有些男生,最头疼的就是不知道和女生聊什么话题比较好。

(2) 有些男生不知道怎么正确回答女生的问题。

(3) 有些男生不知道怎么有效组织语言表达自己。

女生查户口怎么办

女生对男生查户口,证明女生对男生有兴趣,这是个好事情。如果男生被女生问得不舒服,那可能是因为女生问得不够艺术,或者男生对有些事情太敏感了,这都是没必要的。

男生真正需要意识到的是,查户口是女生对男生的一种测试,测什么呢?

(1) 测试男生的实力。收入怎么样?消费水平怎么样?品位怎么样?有没有车房?发展潜力怎么样?等等。

(2) 测试男生的态度。是否真诚?够不够自信?是否对未来充满希望?对另一半的要求是什么?有没有责任感?等等。

在女生眼中,男生的高姿态是男生价值的证明。没有姿态作保证,男生对女生所呈现出来的价值是可疑的;有高的姿态,女生会本能地认为男生是高价值的,是值得期待的。

男生在回应女生查户口的时候,真诚自信的态度会赢得女生的好感,比如男生在租房,就回答没买房,在租房,不要结巴。在很多女生心里,如果没有房子都能成为一个男人的自卑点的话,那这个男人是没有前途的。对一个男人来说,没有房子,是一个问题,甚至是一个很大的问题,但不是性格上的自卑点,这是两回事。很多男人有房子,不照样很自卑吗?

在有的情况下,如果碰到女生不合常理的提问,也不需要跟女生情绪对抗,可以通过巧妙的回应方式展现男生的智慧和姿态。比如,女生在查户口的时候,要求男生必须会做饭,男生可以说,老婆越漂亮,我做得越好。在这段对话中,女生要求男生做饭,是向男生发出的挑战,男生的回复不仅没有跟女生情绪对抗,而且发出了一个反挑战。

工作

(1) 有的职业称呼过于高大上,听起来不接地气,这时候就需要加个自嘲或比喻,让听的人更好理解,或者感觉更平易近人。

例:女:你是做什么的? 男:我做风险投资的,就是俗称的金融民工。

(2) 一般的职业,为了体现对自己工作的自尊与自重,应该用相对正式的职业称谓去介绍自己的工作,而不能用一些社会上的俗称。因为俗称多少都带有一些歧视和嘲讽的意味,这样显得对自己的职业不够尊重。

例:

物流——仓库管理员

保险销售员——卖保险的

造型师——理发的

设计师——美工

厨师——厨子

做网约车的——跑滴滴

IT 工程师——程序员

学历

（1）男生学历太高，女生怕碰到书呆子，清高不接地气。所以学历太高的男生，介绍自己学历的时候，应该加一点调侃，显得随和有趣。

例：女：你什么学历？男：我是交大烟酒生，抽烟喝酒生孩子。

（2）男生普通本科或大专，现在大学太多，学历没有含金量，很多人大学毕业都不知道自己学的啥。所以，在学历后面加一个专业，显得男生自信和敬业。

例：

女：你什么学历？男：本科，计算机专业。

（3）男生没读过大学，在男生眼中，应该把大学经历化，而不是学历化。意思是说，我没有大学的那段经历，但我有别的经历，别的收获。回答的时候，不要躲闪，也不要心虚，来点儿别的成长经历，也可以让女生从男生身上看到别的价值。

例：女：你什么学历？男：我没有大学经历，工作时间比较早，所以人也老得快。

（4）不要主动去问女生的学历。学历是个鄙视链，怎么问都容易出问题，学历高的鄙视学历低的、学校好的鄙视学校差的、专业好的鄙视专业差的。如果女生比男生学历高，问了是自找没趣；如果女生比男生学历低,问了还是自找没趣。如果女生主动介绍自己的学历,男生回应一下,但不要主动去询问。

老家

(1) 直接报到地级市,一个连老家都不敢认的人,是缺乏自信的表现。

比如:报老家只报到省、把省会报成自己老家。

(2) 说到自己的老家,要充满自豪感,不要结结巴巴,躲躲闪闪,也是缺乏自信的表现。

比如:我们家东西很好吃、风景很美、热情好客。

情史

当女生问男生——你谈过几个女朋友?很多男生面对女生的提问,会不知所措。没谈过恋爱或者数量少了怕女生瞧不起,数量多了怕女生嫌弃。怎么回答都拿捏不准。其实女生真正关心的不是那个数字,女生想知道的是:① 男生有没有市场。② 男生还有没有藕断丝连、余情未了的各种感情官司。所以,碰到女生这么问,就不要傻乎乎地去数数了,只要是能满足上述两个条件的回答,都是可以的。

例:

女:你谈过几个女朋友?男:一百多个吧。女:说正经的。男:可能没谈过。女:什么叫可能?男:碰到你之前,我都不知道什么叫心动。

女:你谈过几个女朋友?男:(沉默)女:没事儿,你就说吧,我不生气。男:别着急,我正在数呢。

女:你谈过几个女朋友?男:我向我妈保证过,今年谈最后一个。(在女生眼中,浪子回头比初出茅庐的男生更有魅力。)

择偶标准

当女生问男生——你想找个什么样的？其实不是问男生的择偶标准，是想问男生对自己怎么看。你喜欢什么样的＝你觉得我怎么样。直男们不要再去认真思索，然后向女生罗列各种择偶条件了，这是注孤生的节奏。

那应该怎么回答呢？我们先要搞清楚女生的心理机制。当一个男生夸一个女生十全十美，女生一定不会信的，但是男生换一个说法，"你除了做饭难吃之外，别的都挺好。"这样表达对女生的赞美一举两得，一是让女生听了感觉很可信、很受用。二是展现了男生的姿态和标准。

例：

女：你喜欢什么样的女孩？男：比你再温柔25%，我就心满意足了。

女：你喜欢什么样的女孩？男：比你再主动25%，我就心满意足了。

正常情况下这几句就够用啦，不要去尝试新内容，例如质疑女生的生理条件、家境等要素，这些都会引起负面效果。

兴趣爱好

当女生问男生兴趣爱好，不是想知道男生有什么特长，也不是想知道男生的业余生活，而是想通过兴趣爱好了解男生的品位、格调、生活方式，甚至档次和阶层。所以男生在面对女生兴趣爱好的提问，不要用"我会弹吉他""我会打乒乓球"这样的句式去回答，因为在此时此刻，男生会打乒乓球跟女生是没关系的；也不要用"我平时有空就去踢球""没事儿遛遛狗"这样的句式去回答，因为你的时间安排只有你妈妈才会关心，此时此刻，女生连你女朋友都不是，更不会关心你怎么安排时间的。

那什么才是女生想知道的？

男生 A：我比较喜欢看电影、旅行、摄影、和朋友自驾游，偶尔弹弹钢琴。（女生看到了一个热爱生活、品位不低、经济也还不错的男生形象。）

男生 B：我比较喜欢旅行、滑雪、潜水、骑马，也收藏红酒和一些艺术品。（女生看到了一个生活品质很高、经济实力强劲的多金男士。）

所以，在表述兴趣爱好的时候，理想的句式是"我比较喜欢什么和什么"，描述出一个既真实又能体现出生活品味的男生形象。

喜欢吃什么

当女生问男生——你喜欢吃什么？女生一是想知道两个人的生活习惯有没有冲突，二是想侧面了解男生的生活品质。所以，我们要遵循四不要的原则。

不要罗列男生喜欢的菜名、菜系、口味等等，因为不知道哪个东西是女生讨厌的。例如，我喜欢重庆火锅（女生不爱吃辣怎么办）、我喜欢吃生鱼片（女生怕腥怎么办）、我喜欢吃蛇羹（女生已经吓晕了），等等。

不要列一堆嫌弃的食物，这会让女生产生距离感，感觉吃不到一个锅里，对相处产生担忧。例如，我从来不吃辣（不管喜不喜欢，不要明确抵触）、我从来不吃蔬菜、我讨厌葱姜蒜、我受不了海鲜，等等。

不要把太平常的食物当作对美食的追求，这会让女生感觉男生没见识、没品位、没吃过什么好吃的。例如，我最爱吃驴肉火烧、我特别喜欢臭豆腐、我最爱吃老家的米线、能吃到兰州拉面我就心满意足了，等等。

不要装高雅，这也会让女生产生距离感，觉得男生有些浮夸、不真实。例如，黑松露是我的最爱、我喜欢鹅肝酱配拉菲、佛跳墙挺不错的、食材新鲜很重要，等等。

是不是大家已经感觉到怎么说都不对？是,大家的感觉没错,这个问题上怎么说都不对。那怎么办呢？

情况一：当女生问男生"你喜欢吃什么？",说什么都有风险,所以男生不要直接回答任何食物名称、口味,只需要展示一定的品质、要求就可以了。

例：

女：你喜欢吃什么？ 男：做得好的菜我都喜欢吃(万能回答)。

女：你吃过最好吃的是什么？ 男：我妈做的菜。

情况二：如果女生问男生"你喜欢吃辣吗？"、"你喜欢吃海鲜吗？"、"你喜欢吃烧烤吗？",大多数情况是因为女生喜欢,在寻找男生的认同。所以男生的回答很简单,只有两个字"喜欢",不管问什么都喜欢。这样女生就放心了。

宠物

(1) 当女生问男生——你家里养宠物吗？你喜欢养宠物吗？女生跟男生谈到宠物的话题,潜台词是很多的。有可能是想测试一下男生有没有爱心,有可能是想看看男生有没有耐心,有可能是想看看男生跟自己是否兴趣相投,有可能是女生怕猫怕狗,原因非常多。所以面对这样的问题,可以先挑重点表个态,具体问题等聊下去、了解了女生的意图之后再讨论。表什么态呢？

我挺喜欢小动物的。这句话意味着,我是有爱心、有耐心、有责任感的人。

(2) 当女生问男生——你喜欢猫吗？你喜欢狗吗？如果女生这样问男生,要么是女生自己在养,要么就是女生喜欢。所以,面对这样的问题,都要毫不犹豫、真诚地回答两个字——喜欢。

做饭

当女生问男生——你会不会做饭？女生不是真的想知道男生会不会做饭,而是想考察男生做家务的态度和潜力。在做家务的问题上,男生要展现的是正确的姿态：

（1）男女都应该做家务。男生不做家务是大男子主义,会让女生害怕;男生家务全包那是时间太闲没出息,会让女生看不起。男女一起做家务才是正确的姿态。

（2）男女应该合理分工。什么叫合理分工呢？扛煤气罐一定是男生,收拾衣物最好让女生来,各自发挥各自的优势和长处,这叫合理分工,这才是正确的姿态。

例：

女：平时自己做饭吗？男：平时工作太忙,做得少,但他们说我做饭还挺好吃。

（这是典型的考察式提问,测试一下男生对家务的态度和潜力。男生说天天自己做饭,那是时间太闲没出息;但是做得挺好吃,表示有潜力。）

女：我不会做饭,所以我老公一定要会做饭。男：一般情况下,老婆越漂亮,我做得越好。

（女生显得有些任性,不想承担合理的义务,给男生发出了一个挑战。这时候,男生就应该展现正确的姿态,可以用反挑战的方式,让女生约束自己的态度。）

女：会做饭的男人特别有魅力,我爸做饭就特好吃。男：那你找对人了,要不要试试我的手艺？

（女生向男生发出了一个要求和挑战，男生顺水推舟，不仅展现了自信，还发出了邀约。）

抽烟

当女生告诉男生——我反感抽烟！女生有两个潜在的含义，一个是你不要用烟来呛我，另一个是你能不能为我戒掉烟。抽烟的确对人的健康不利，让别人抽二手烟也是不文明的，所以女生有这样的想法是完全可以理解的。但是，由于有的男生养成抽烟的毛病已经有好多年了，让他马上戒掉烟会有困难，这时候应该怎么应对呢？

（1）勇于承认错误。一方面，抽烟对自己和他人的健康不利，这点要承认，不要去做任何辩解。勇于承认自己的缺点，这是勇敢的表现。另一方面，如果完全忽视女生的不满和质疑，会让女生找不到存在感，显得没有绅士风度。

（2）不要为了迎合女生随意承诺。戒烟这种事情，一般人短时间内很难做到，男生就不要为了迎合女生，轻易去承诺。男人言出必行，既然做不到，何必承诺呢？要是能做到，直接戒了就行，也不用给任何承诺。因为在压力面前的承诺，在女生眼里，只是一种迎合甚至是讨好，讨好是不会产生吸引力的。

例：

女：我很反感抽烟。男：是的，对孩子不好（坏笑）。女：你想多了（流汗）。男：之前单身，一个人自由惯了，等有女朋友了，什么都可以商量着来。

这样的回答，既没有逃避问题，也没有随意承诺，还表达了对女生意见的重视。

酒量

当女生问男生——你酒量怎么样？女生有两种情况，一种情况是，女生怕男生是个酒鬼；另一种情况是，女生自己爱喝酒，怕男生介意。男生如果说自己酒量太好，就会吓到第一种女生；男生如果说自己酒量不好，又会吓到第二种女生。所以关于酒量的问题，模糊回答就行。

例：

被你喝醉没问题；偶尔喝点儿。

星座

当女生问男生——你什么星座？主要想通过星座的话题了解一下男生的性格，比如，花不花心、矫不矫情、顾不顾家、是不是大男子主义，等等。爱聊星座的女生，不管她们自己信不信星座，这都不重要，重要的是，在回答女生星座问题的时候，男生会对自己的性格和特点进行描述，这样女生就达到了了解男生的目的。

（1）不管男生懂不懂，不要秀自己的星座知识，太懂星座的男生，会让女生觉得这个男生可能太花心。

（2）更不要跟女生争论星座知识，让懂星座的女生展示一下自己的知识和内涵，不要去扫女生的兴。

三
微信破冰：如何跟不同类型的女生建立情绪链接

请思考这是为什么

（1）加了女生微信，发消息，女生总是爱理不理。
（2）女生开始回应还算礼貌客气，聊了几句后就不理了。
（3）加微信后，女生态度始终很冷淡。

关系破冰

不管在微信里，还是在现实中，女生渴望看到的男生是这样的——淡定从容、真实自然、沉稳大气、直面问题，他在人群里与众不同。

关系破冰是女生对男生预判的开始，指两人从陌生到开始联系的过程，比如，微信上打招呼、搭讪、朋友介绍等等。如果破冰成功，在男生眼中感觉可以跟女生正常联系了；在女生眼中这个事情其实不简单，它意味着男生引起了女生的注意力，女生愿意花点儿时间去了解这个男生，看他有没有吸引自己的价值。对于陌生相识的男女，男生破冰成功才能继续女生预判过程，就好像拿到一个展会的展位，可以在微信上继续聊天、可以跟女生发生情绪交流、可以在合适的时机邀约女生，等等。

男生跟女生关系没有破冰的三个常见现象:

(1) 女生不回消息。和女生不太熟的时候,如果女生不回消息,无外乎没看见、不方便、不想回、女生不喜欢微信聊天等几个原因。第一次联系不回复,因为不知道女生不回消息的具体原因,所以不要抱怨、不要夺命连环问,也不要轻易否定自己。漂亮的女生追求者甚多,不回消息不代表否定男生,可能只是因为不熟没有发现男生的价值而已。

(2) 女生态度高冷。女生的主要表现是,回复比较慢或者回复太简短,比如:嗯、啊、哦、呵呵、无聊、标点符号,基本没有内容,缺乏沟通的欲望,让男生感觉女生非常高冷,本质上是女生还没有发现男生的价值。

(3) 女生太客气。出现这种情况,可能是因为女生教养比较好,素质比较高,但是在交流了好几次之后,女生还是保持客气的态度,不主动、不调侃、不投入情绪,那是因为此时此刻,女生在男生身上没有发现价值,但是女生给男生保留了展示价值的机会。

调侃流(实用、真爱)

朋友圈观察关键词:大量的段子(讽刺、笑话、小故事)+孤独特征(生活技能秀、吐槽、许愿、求助)

加了这类女生微信之后,通过简单的打招呼,就可以跟女生主动调侃。什么叫调侃?调侃不是讨论问题,是愉快地东拉西扯。在这个过程中,向女生展示自己的幽默感和娱乐精神,可以密集穿插一些能拉高女生情绪的聊天技巧,比如,做游戏、铺台阶、亮贱、推拉、调情,等等。

例:

男:快来看,抓到一只大宝宝。女:哈哈。

女:你是做什么工作的?男:和朋友开了个小公司,卖红薯。

女：（发了一个惊恐的表情）。男：吓到我了，你赔钱。

女：你常去健身房吗？男：不常去，我怕身材太好被非礼。

体贴流（实用、封闭）

朋友圈观察关键词：孤独特征（生活技能秀、吐槽、许愿、求助）

加了这类女生微信之后，男生可以从女生朋友圈反映出来的孤独特征（生活技能秀、吐槽、许愿、求助），开启话题，对女生表示关心，让女生感觉男生有些懂自己，并且对男生产生奖品预期——他是否能关心我，为我解决空虚寂寞冷的问题呢？

例：

（女生朋友圈：热死了，掉皮了。）

男：这么热的天，我们女孩子出门都应该带把防晒伞。女：哈哈，我都掉皮了。男：看来你出门缺个打伞的。

（女生朋友圈：每次喝完就后悔，难受到第二天。）

男：有的人醉的是酒，有的人醉的是心情，你是哪一种？女：可能是后面这种吧。男：下次喝醉之前给我发消息，心情的事儿我负责。

（女生朋友圈：秀厨艺。）

男：看这一桌子的菜，贤妻良母既视感。女：哈哈哈。男：再添双嘴馋的筷子，画面就完美了。

冷读流（虚荣、封闭）

朋友圈观察关键词：大量秀思想（讲道理、感悟、人生哲学、价值观）

加了这类女生微信之后，男生不要忙着调侃，找机会用冷读的聊天技巧，引起女生的兴趣。因为女生在朋友圈展示思想，意味着女生不想做个肤浅的花瓶,想做个有内涵的女人。男生对女生的智慧、价值观、见识、思维方式、性格等进行冷读,会让女生觉得男生很懂自己,更重要的是,女生更加肯定了自己。本质上,这是对女生的一种认同和赞美。如果直接夸奖,会让女生感觉这是在讨好,所以要用委婉的方式,让女生更受用。

冷读:指的是男生在不是很了解女生的情况下对她进行解读,说一些模棱两可的话,比如,虽然怎样,但是怎样;看起来怎样,其实怎样;我觉得怎样;或许你怎样……这样模糊的描述方式,会让女生做出对自己有利的解读,感觉男生看问题有深度,很懂自己。

例:

① 虽然你笑起来没心没肺,但是你看问题还是很犀利的。
② 其实你知道自己想要什么,但你会安静地等待机会。
③ 明明可以靠脸吃饭,却偏偏要靠自己的努力。
④ 我觉得你呢,不会毫不思索地接受别人的观点,很有自己的主见,不过偶尔也会固执哦。
⑤ 理想对你还是很重要的,虽然你朋友圈里都是在喝酒。

淡定流(虚荣、真爱)

朋友圈观察关键词:大量摆造型、秀气质的全身照(风景区、大街上、茶楼、艺术照)

加了这类女生微信之后,男生要表现得很淡定,不要着急聊天。为什么呢?因为经常在朋友圈秀造型的女生,想要展现一个高雅的、高贵的、有气质的自己。如果男生的几句调侃就能打动这个女生,那她高雅的气质何在?女生想要看到的是一个高姿态、高身段,比自己还要高雅、还要高冷的男生,对她们来说,这才意味着高价值。所以男生千万要淡定,别一上来就巴拉巴拉说个不停。如何才能表现得很淡定呢?

① 加完女生好友,直接不打招呼,几天以后再聊。

② 加完女生好友,简单打个招呼,改天再聊。

③ 加完女生好友,如果要往下聊,语气要淡定、很轻松、无所谓,保持性冷淡风,切记一定要主动切断聊天,并且时间不要聊长,首次聊天几分钟就行了。

随着女生的态度转热,男生的态度也要慢慢地转热,但不要比女生还热,一直是那个克制、优雅的人。这样就会让女生产生兴趣、打开心扉。

破冰成功的信号

对于陌生相识的男女,男生破冰成功才可以和女生在微信上继续聊天、可以跟女生发生情绪交流、可以在合适的时机邀约女生,等等。

女生态度变热的信号:女生连续回复;女生主动问男生个性化的问题(兴趣爱好、择偶标准、酒量、情史、生活技能);女生向男生诉苦(好累、好冷、心情不好);女生夸奖男生(挺帅、真聪明、说得有道理、太棒了);女生和男生调情(你真坏、你真贫、你真讨厌);女生主动关心男生(吃了吗、累吗、在干嘛);女生邀约男生(主动邀约、暗示);女生秀自己(报身材、发照片、邀请男生看自己朋友圈);女生闹情绪(吃醋、撒泼、赌气)。

四
微信拉高：如何通过微信持续拉高女生预期

请思考这是为什么

(1) 跟女生加了微信，聊着聊着，女生就不搭理了。
(2) 跟女生加了微信，聊成了有一搭没一搭的普通朋友。
(3) 跟女生微信聊了半年，女生也不接受邀约。

什么是拉高

为什么有的女生加上微信之后，聊几句就聊不下去了呢？

这个问题我们得回到女生心里去找答案。粗略统计一下，一个漂亮的女生从 16 岁到 25 岁，在学校里、工作中、路上、消费场所、网上，会有大量男生要么急迫、要么讨好，对女生放电，盯着她看、撩骚她、搭讪、加微信、约她、给她送礼。在女生眼中，这些男生在干什么？这些男生在很着急地索要女生的价值——为什么不回复我、为什么那么高冷、约吗……这叫什么？这叫没有姿态，有姿态的男人不会急着索取女生的价值，不会靠拍马屁博取女生的兴趣，不会因为女生的冷漠而焦虑，不会指望一两个幽默的小段子让女生坠入爱河，更不会用朋友圈的方向盘去唬住女生。

加了女生微信之后,男生们希望能快速跟女生建立联系,滔滔不绝聊下去,让女生笑得花枝乱颤,等等。在这里,我们要更正一个认识,加女生微信之后,不是为了滔滔不绝地聊下去,而是为了让她看到一个有姿态、有价值的男人,让女生产生兴趣、让女生触电,这才是目的。

跟女生关系破冰之后,如果男生对女生感兴趣,就需要通过微信拉高女生的预期(奖品性预期),推进关系,这个阶段我们称为拉高。

从心理学来看,微信聊天是一个情绪发酵的过程。男生通过展示姿态与价值,让女生的情绪发酵,在潜意识中逐渐拉高她对男生的预期。再强调一遍,女生在预期什么呢?女生在预期得到一个有姿态、有价值的男人。所以,微信聊天拉高阶段的操作要点:不是为了跟女生滔滔不绝地聊下去,而是高效地展示自己的姿态与价值。因此,评估每次微信聊天是否起到了拉高的效果,不看聊天长短,也不必在意女生短期的情绪波动,只看男生的表现是否展示了姿态与价值,是否引领了聊天的局面,这就达到了目的。

通过微信聊天拉高女生预期之后,到了一定程度,女生愿意和男生约会,继续推进关系;甚至微信聊天直接让女生变调了,产生了和男生建立亲密关系的想法。

微信聊天如何避免成为话题终结者

两个人好好聊着,女生突然终止了聊天,让男生莫名其妙,此时此刻,男生感觉自己就是传说中的话题终结者。心理素质比较差的男生,碰到这种情况,就容易胡思乱想、患得患失、怀疑自己。话题终结是如何发生的呢?

原因一:女生突然因为其他事儿不聊了,和男生的聊天表现没有任何关系。

例如：夜里时间太晚，女生可能聊着天睡着了；女生突然想到一件紧急的事情要去处理（接电话、取快递、家里停电）；女生在上班的时候突然被叫去开会了；女生从一个活动场景转换到另一个活动场景；等等。

原因二：女生觉得跟男生聊天很无聊，毫无营养，是在浪费时间。也就是说，男生除了没话找话、迎合奉承、乱提要求等错误姿态，没有展现出任何价值。

例如：秋天到了，天变凉了；人到了晚上就容易疲劳；你的头像真漂亮；你眼睛好大呀；发张照片看看；我想做你的男朋友；等等。

原因三：男生的言语让女生产生了严重的负面联想、负面情绪。

例如：

① 男生突然暴露低价值。比如，没财产；很丑的照片；收入很低的工作；很差的家庭背景；很差的品位；很低级的价值观；很幼稚的观点；性格缺陷（自卑、软弱、鲁莽等）；等等。

② 男生突然暴露高风险。比如，男生花心；男生劈腿；男生好色；男生没有责任感；男生家庭的阻力；等等。

③ 男生否定女生。比如，男生对女生语气不尊重；男生贬低女生的形象、人格、品味、家境；男生质疑女生的行为、思维、信誉；等等。

④ 男生触碰到女生的敏感面。比如，男生从事女生不喜欢的职业；男生有女生不喜欢的行为习惯；男生的话题引起了女生的痛苦回忆；等等。

女生打压自己怎么办

关键词：太丑了、太矮了、太穷了、太老了、太瘦了、太胖了、太矬了、太色了、猥琐、没品位、不上进、没前途、太懒了、太脆弱、太敏感、太固执、太偏激、学历低、工作差、没房子、没劲、无聊、呵呵、搞笑、你开心就好、哦、你是谁啊、我不可能喜欢你、谁看得上你、我们差距有点儿大、你太花心了、油嘴滑舌、屌丝、土鳖、没脑子、智商低、情商低、没诚意、不靠谱、不老实、拜拜、你应该怎样、凭什么、男人就是这样。

在两人关系不熟悉的阶段,女生会习惯性地对男生进行打压,方式包括:否定、质疑、讽刺等等。亲人们的小心脏,在这种重火力面前,被打得千疮百孔、支离破碎,产生了严重的挫败感,甚至自卑。其实,女生喜欢打压男生是本能反应。这是为什么呢?一方面,女生天生把自己当作男生的奖品,总是想建立两性关系的主导权——我更重要、我说了算,所以,女生经常显得高高在上;另一方面,女生有投资人心态,潜意识的目标是找到真正强大的男人,会本能地对男生进行各种各样的测试、刁难、挑战。面对女生的打压,该如何从容应对,化被动为主动呢?

口诀一:不要情绪对抗!不要情绪对抗!不要情绪对抗!老师还是不放心,再大声跟亲人们喊一句,永远不要跟女生情绪对抗!当女生否定或质疑男生的时候,如果男生针锋相对、据理力争,会显得自己毫无价值。男人的使命是去社会上竞争取胜,而不是跟女人斤斤计较。女人是情绪化的动物,男人要做的是调动和引领女人的情绪,而不是被女人的情绪领着走,女人要找的是个自信幽默的引领者,而不是闹心的小跟班儿。

口诀二:这是一个机会!这是一个机会!这是一个机会!试问,天底下还有什么事情,比别人质疑自己的时候,更能展现自我价值呢?当女生否定或质疑男生的时候,如果男生顺利通关,女生会对男生刮目相看,兴趣直线上升,甚至心跳漏个一拍半拍什么的;如果男生知难而退,或者恼羞成怒、姿态全无,女生也会对男生刮目相看,变得毫无兴趣。那要如何抓住机会呢?女生的打压,无外乎否定、质疑、讽刺等,又不会冲过来咬你,亲人们不要害怕,保持姿态,兵来将挡,水来土掩。如果男生能快速反应,把这些打压统统化解为快乐的气氛、含蓄的赞美、勇敢的自嘲、大胆的挑战,这些东西都能展示男生的雄性领袖特征——智慧、自信、勇敢、控制力等。在某些极端情况下,形势所迫,需要用核弹反击女生,也应该给核弹套上一件萌萌哒的小毛衣。

例1:
女:谁稀罕你啊。
男:也是,我的肉体只属于我的灵魂。
例2:
女:说实话,你长得有点儿丑。
男:谢谢你夸我,我妈一直说我特别丑。

女生在忙怎么办

正常情况下,男女之间的微信聊天主要是情绪交流,双方时间合适就聊一会儿。女生也不忙,男生也不忙,这叫时间合适。

如果女生太忙,要高高兴兴地切断聊天,比如说:快去快去!快去忙吧!那咱俩的会先开到这儿,散会!你发财就好,不用管我死活!

如果男生在忙,要礼貌、简洁地陈述客观情况,结束聊天,比如说:现在有点忙,等割完麦子跟你聊!在开车呢,待会儿聊!不好意思,正在开会,晚点儿来撩你!

女生向男生诉苦

关键词:好累、好烦、好无聊、好冷、好热、骂人、大姨妈、心情不好、身体不舒服、和人闹矛盾、工作不顺利、东西丢了、宠物病了、碰到渣男、碰到猥琐男、好饿、减肥、好困、运气差、睡不着、压力大、失恋、男朋友不好、被骗、堵车、晚点、对自己不满、受伤了。

情况一：女生没有遇到实际困难，只是情绪上出了问题，希望从男生身上得到愉悦价值。

女：上班好无聊啊。

男：太棒了，你在无聊的时候总是能想起我。

女：哈哈。

男：既然笑了，给钱吧。

女：我今天又迟到了。

男：直接发个小红包，上面写：你缺一架飞机。

（在这个案例中，女生只是向男生小抱怨，男生这样做，既给女生提供了愉悦价值，又提供了一点儿实际价值，显得很有姿态。）

情况二：女生遇到了实际困难，希望男生关心自己，为自己解决问题。

女：今天体检，血压有一点点高。

男：发个快递地址过来，我给你寄降压茶。

女：我想搬家了，离公司近点儿。

男：哪天搬家？我来帮忙。不要让别的男人摸你的小枕头。

（在这个案例中，男生既给女生解决了实际问题，又提供了愉悦价值。）

女生夸奖男生

关键词：真聪明、好帅、好高、好壮、鼻子好看、有品位、有才华、有思想、有内涵、有情趣、有见识、好逗、有趣、幽默、爷们儿、阳光、人格魅力、勇敢、有责任感、有爱心、好可爱、有能力、稳重、成熟、啥都懂、手艺好、有本事、真棒、很优秀、有智慧、厉害、好崇拜、太牛了、好暖、这都行、还有这种操作、百科全书。

当女生夸奖男生，男生不要随意否定，这样显得自己不够自信，或者过分的谦虚就是骄傲的表现；男生也不要随意肯定，这样显得骄傲或者装逼。正确的回答应该是在既不肯定也不否定的基础上，展现娱乐精神，这种回答方式的背后，展现了很高的姿态——淡定从容。

女：我好崇拜你。

男：冷静一下，冷静一下。

女：你的鼻子挺高。

男：两万块钱没白花。

女：你懂得真多。

男：你以为我八百多块的文凭是买来的吗？

女：你看起来很阳光。

男：以后你多涂点儿防晒霜。

女生跟男生调情

关键词：闷骚、骚、浪、贱、前女友太多、色眯眯的、是不是对我有意思、是不是想追我、长得丑、你真贱、你真坏、坏蛋。

女生跟男生调情，主要是测试男生有没有情趣，姿态够不够强大，够不够自信，够不够淡定，够不够智慧。所以，男生的回答主要以 A 类调情、B 类调情为主，再加上假投降、做游戏、亮贱等娱乐精神。女生跟男生调情的语气和题材不太一样，女生调情的内容通常带着对男生的贬损、挖苦、讽刺,男生不要把它误解为打压。

女:追你的妹子那么多,我就不跟她们抢了。

男:打起精神来,每个人都有机会的。

女:你前女友太多了。

男:她们看上的是我的身体,不是我的灵魂。

女:我觉得你很闷骚。

男:有眼光,平凡的身体包裹着有趣的灵魂。

女:你是不是想追我?

男:等我问问我的肉体和灵魂。

女生关心男生

关键词:累吗、饿吗、冷吗、热吗、最近好吗、病好了吗、少喝酒、少抽烟、别熬夜、好好吃饭、好好休息、多运动、记得吃药、注意身体、多穿点儿、记得带伞、开心吗、注意安全、一路平安、到家跟我说一声、考试怎么样、家人怎么样、太不爱惜自己了、女生给男生买东西、关心男生碰到的困难、关心男生的爱好、关心男生的事业。

女生主动关心男生,除了关心本身之外,是一种重大的测试。测试什么呢?测试男生的可控性。女生关心男生的时候,其实是向男生传达了自己的可控性,她期望得到的回答不是男生的感谢,那样会让女生感到两人关系很疏远,男生很没有情趣。那女生期望得到什么样的回答呢?那就是,男生的回答中,也向女生表达了可控性。只有这样,女生才会更有动力、更有信心投入这段关系。

女:一天没吃饭,你饿不饿?

男:我已经饿得眼冒金星有幻觉了,你正在给我煮面呢。

女：你的病好了吗？

男：太巧了，你这么一问，突然就好了。

男生寻求女生帮助

关键词：我生病了、这事儿怎么办、想请你帮个忙、有个事儿麻烦你一下、这方面你是专家、我只相信你、怎样才能、你帮我分析分析、你帮我联系联系、这事儿拜托了、我有个小困难、有个事儿我不太了解、装可怜、装傻、装不懂。

男生向女生寻求帮助，不是真的让女生帮自己大忙，而是通过向女生寻求一些举手之劳的帮助，既解决了男生的问题，又拉近两人的关系。比如：让女生感觉男生真实不做作，进一步了解了男生，让女生很有存在感和成就感，为进一步邀约女生创造了机会。当女生对男生的帮助结束之后，男生一定要拿出实际行动来感谢女生，比如给女生送个小礼物、发个小红包、请女生吃饭。

女生是个律师，男生可以找一个特别小的法律问题咨询女生。别找特别复杂的问题咨询女生，人家要收费的。

女生是个医生，男生可以找一个健康问题咨询女生。一定要咨询女生擅长的科室领域，不要跨科室，医疗是个分工很明确的行业。

如果是同一公司的，可以让女生帮各种生活、工作的小忙，比如，帮忙收快递，帮忙订午餐，帮忙找东西，等等。

男生的宠物生病了，咨询女生该如何治疗。

微信聊天快速展示价值

微信是个聊天工具，以情绪交流为主，但在有些情况下，通过简单的语言交流,已经不能解决问题,推进关系很困难,可以利用微信快速展示价值,在女生眼里脱颖而出。原理其实很简单,在正常的语言交流之上,再赋予一些实际的价值,比如:小红包啊、小礼物啊、领奖式邀约啊。

(1) 关心女生。找个理由,实质性地关心一下女生。

例:用微信给女生发个小红包,说,老板,下雨了,上下班别坐地铁了,打个车吧,我请客。

(2) 英雄救美。发现女生在朋友圈抱怨、哭诉、求助等,说明女生此刻正处于困境,男生应该直接采取实际行动、提供实际价值,态度上主动、果断、大度,不寻求对方的认同与回报。千言无语不如马上行动,是最好的关系突破方式。

例:女生健身时脚踝受伤了,男生发消息给女生,给我发个快递地址吧,给你寄套护踝,残废了就不好嫁了。

(3) 直接邀约。如果通过朋友圈发现女生的需求和爱好,并且有对应的约会内容,可以直接邀约女生。在女生看来,一个不太在意的男生竟然如此用心、自信、勇敢、主动,还是很有姿态的,产生了价值预期。只要达到这个效果,女生接不接受约会其实不重要了,两个人可以正常交流了。

例:男生发现女生喜欢郭德纲,发消息给女生,四月份郭德纲在三里屯德云社有演出,找个周末一起去看吧,别整天看抖音了。该吃吃、该玩玩、气氛搞起来。

节日互动

关键词:儿童节、愚人节、父亲节、母亲节、春节、国庆节、劳动节、女生节、妇女节、重阳节、端午节、中秋节、圣诞节、万圣节、情人节、七夕、青年节、生日、纪念日、人生重大时刻。

遇到节日和重大的日子,男生应该给心仪对象发个消息,表示祝福和关心。但要遵循几个原则:

(1) 不要让心仪对象感觉祝福是群发的,这样显得没诚意。

(2) 最好附带一个红包,尤其是一些重要节日,比如,春节、中秋节、圣诞节。红包金额不在大小,关键在于这个形式传达了诚意。

(3) 在问候的过程中,不要忘了发挥一下娱乐精神,这样显得祝福不功利,也让女生轻松愉快地接受祝福。

男:(发红包)中秋快乐!

女:中秋快乐!谢谢!

男:不用谢,咱俩早晚团聚。

男:(发红包)愚人,节快乐!

女:哈哈!

男:我们精神病就不陪你们过节了。

男:(发红包)春节快乐,恭喜我又老了一岁!

女:可喜可贺!

男:你们留在18岁的人,要学会可怜我们。

五
微信邀约：灵活多变的邀约方式

请思考这是为什么

(1) 有的男生不知道怎么邀约女生，让女生都等得着急。

(2) 有的男生认识女生没几天，总是能把女生约出来。

(3) 有的男生靠死缠烂打很勉强地把女生约出来，关系也得不到任何推进。

邀约的条件

约会是双方推进关系的重要一步，带着美好的预期赴约，通过约会加深了解，相互触电、来电，就可以进入亲密关系，收获爱情。但是，如果其中一方并没有对对方产生足够的预期，很勉强地赴约，结果也许会适得其反，不如不约。

在现实中，很多男生就犯了这个毛病。大家在侥幸心理的驱使之下，对约会这件事情表现得有些急迫，又缺乏对女生的理解，缺乏同理心。比如，有的男生靠死缠烂打去约女生，有的女生不会拒绝别人，也会勉强赴约；有的男生拼尽全力去讨好女生，比如说，用高消费、贵重的礼物作为约会的条件,有的女生碍于面子,也会勉强赴约。勉强赴约的女生,本质上是对男生预期不足,她们很可能是带着施舍心态来约会的。在这样的心态主导下,女生会变得高冷、敷衍、不耐烦、防备心理强,根本就没有心情去享受约会的过程,去好好地了解男生。也就是说,男生试图通过类似的约会展示魅力和价值,是行不通的,甚至适得其反,让女生更讨厌自己。

所以,邀约女生的方式,直接决定了约会的质量和效果。让女生带着美好的预期来赴约,双方通过约会加深了解,推进关系,这才是邀约的正确打开方式。再次强调一句,约会之前,预期很重要。正常情况下,一个女生带着美好预期跟一个男生约会,无外乎三种情况:

(1) 女生对某些奖品性的需求比较迫切,例如,陪伴、关心、愉悦、面子等,男生正好能满足女生的需求,女生会对约会产生较高的预期。

(2) 女生跟男生的互动兴致比较高,例如,共鸣、好奇心、感谢、三观等,两人达成了约会的共识,女生会对约会产生较高的预期。

(3) 女生已经对男生认可度比较高,男生满足了女生约会的愿望,女生会对约会产生较高的预期。

奖品邀约

由于某些特殊原因,女生对某些奖品性产生了强烈渴望,这时候如果男生展示出的价值能满足女生对奖品性的需求,就有可能完成邀约,我们称这类邀约为奖品邀约。

奖品邀约的操作要点:

(1) 当女生展现出需求点的时候,男生要主动提供有价值的邀约,最好在女生意料之外,满足女生被关心、被照顾、被重视的内在需求。

(2) 要约的方式要有足够的娱乐精神,让女生无法拒绝;即使拒绝了,男生也不要太在意,要表现得淡定从容、有姿态。

邀约信号:女生很孤独,需要人陪;外地女生来旅游,男生主动当导游;女生对某些事物很感兴趣(比如女生很喜欢吃辣、追星、旅游等);女生遇到困难(失恋、失业、生病、搬家等),需要有人分担;女生有喜悦的事情(升职、加薪、病好了、考试通过等),需要和人分享;女生需要有人撑场面(参加聚会一个人、下班没人接、下雨没人送伞、情人节没人送花等),赢回面子;女生有经济需求(住院做手术、钱包被偷了、失业了、交房租钱不够等),需要经济支持。

女:我下个月去北京。

男:北京那么大,很容易走丢的。需要免费导游吗?可以给你打折。

女:免费你还打折,我把你打骨折吧。

女:最近升了个职。

男:我掐指一算,你的好运势想要走下去,得和五行属金的人多吃饭。

女:你是说你吧。

兴致邀约

女生原本对和男生的约会不抱有过高的兴趣,但是在和男生的某次互动过程中,两人的兴致和情绪都比较高,男生顺势发出了邀约,女生顺势接受了邀约,我们称这类邀约为兴致邀约。

奖品邀约的操作要点:

(1)当发现女生兴致很高的时候,要果断邀约,趁热打铁,让女生无法拒绝。一旦女生兴致降低,就错过了邀约的最佳时点。

(2)男生发出邀约的语气要简单、真诚、自然、不做作,顺势而为。男生一旦显得太刻意,说得太复杂,会让女生觉得男生早有安排,心机太重,没有安全感,很可能会拒绝男生的邀约。

邀约信号:男生帮助了女生,女生想要感谢男生;女生帮助了男生,男生想要感谢女生;两个人聊共同的话题(文学、电影、音乐、共同经历等),聊得意犹未尽;两个人有共同的愿望(去动物收容所照顾动物、去做慈善、去拜佛等),可以约着一起去干;男生向女生展示了某些价值(发红包、送礼物、身份、智慧等),女生比较兴奋;男生对女生创造了仪式感(相识纪念日、为女生接风、为女生过生日),女生很开心;男生主动请求女生帮忙(生病、做事儿需要帮手、咨询专业问题等),引起女生的同情。

女:谢谢你的专业意见。
男:没有什么感谢比一顿饭来得实在。你请客,我出钱。
女:哈哈,我请你。
女:没想到你对爵士乐这么了解。
男:上海有很多不错的音乐餐厅,改天我们一起去听。
女:好的,有时间约。

被邀约

女生已经通过微信聊天、朋友介绍、其他信息渠道完成了对男生的预判,对男生的认可度比较高,也就是说,男生已经进入了女生的高收益文件夹,女生期待通过约会对男生进一步测试。在这样的情况下,男生邀约女生是比较容易的,女生也会主动地邀约男生,我们称这类邀约为被邀约。

奖品邀约的操作要点:

(1)女生对男生有好感、对男生主动,是需要很大勇气的,所以遇到这种情况,男生不要端着,不要过于矜持,让女生下不来台。

（2）如果男生觉得可以和女生约会，可以采用铺台阶的战术，在互动过程中，给女生提供一些理由和借口，让女生成功邀约自己。

邀约信号：女生连续多次主动开启聊天；男生生病去医院，女生主动询问有没有人陪；女生给男生送礼物；女生询问男生最近的时间安排；女生主动说自己有空、很清闲；女生主动提供了一个约会场景（最近新电影上映了、有家餐馆味道不错）；好久没联系了，你还好吗；女生暗示男生要主动；你为什么不约我。

女：你在干嘛？

男：在医院打点滴呢，一个人。

女：一个人怎么行，我过来招呼你。

女：你周末有什么安排？

男：没什么安排，一个人在家里闲着。

女：《复仇者联盟3》上映了，听说挺好看的。

朋友圈邀约

关键词：自拍、摆拍、合影、气质、才华、思想、闺蜜、聚会、风景、旅游、美食、无聊、穷、炫富、诉苦、见解、宠物、参加活动、公益、酒局、歌曲、段子、爱好、生活技能、亲情、友情、口号、爱心、许愿、求助、情怀、消费场所、家居环境、对话截图、心灵鸡汤。

我们谈到各种各样的邀约战术，都是基于微信聊天的正常对话中发生的。如果此时此刻，男生和女生并没有处在对话过程中，男生又想对女生进行邀约，那应该怎么办呢？或者说，此时此刻，男生想跟女生开启一段对话，一直聊到合适的邀约时机存在一定的困难，那该怎么办呢？也有办法，那就是从女生发的朋友圈找机会邀约。这种机会可以是女生有某些迫切需求,完成奖品邀约;也可以是女生兴致很高,完成兴致邀约;也可以是女生已经认可了男生,在朋友圈发出的某些暗示,完成被邀约。

朋友圈邀约操作要点:

(1) 男生回复女生的朋友圈要有冲击力,因为年轻女性的朋友圈往往会收到大量评论。所以,男生的回复如果没点儿含金量,没点儿娱乐精神,没点儿特色,是很难在女生面前脱颖而出的,也是很难收到女生用心回复的。男生在朋友圈评论女生,并且收到女生的积极回复,这是邀约的一个必须流程,它是一种情绪过度。千万不要看见女生发朋友圈,就开启私聊窗口邀约女生,这会让女生感觉到莫名其妙,很没面子。

(2) 在收到女生的评论回复之后,男生应该开启窗口跟女生私聊,完成邀约。因为朋友圈是个公共的地方,很多人都能看到评论,而邀约是个私密的事情,不适合让大家都知道。女生就算接受男生的邀约,也不会在朋友圈里完成。

女生朋友圈:做好 PPT 是一件让人头疼的事情。
男生在朋友圈回复:做好 PPT 的关键不是技术,是思路。
女生在朋友圈回复:一看你就是被 PPT 蹂躏过。
男生开启私聊:被 PPT 专业蹂躏 20 年,从未被超越。
女:我好同情你。
男:同病相怜的人,周末应该聚一下。
女:哈哈,好的。

女生朋友圈:(发了一张徒步的照片)。
男生在朋友圈回复:这是四川稻城吗?

女生在朋友圈回复：你也去过呀。

男生开启私聊：九月去稻城，风景更美。

女：一看你就是老驴友。

男：对的，跟老驴友出门，乐趣多。下个月我们有徒步计划，一起去吧。

女：好的啊。

六
当面聊天的基本原则和正确姿态

请思考这是为什么

(1) 有的男生不知道自己说到个啥,女生突然脸色就变了。

(2) 有的男生只知道自己滔滔不绝,不知道倾听,让女生很反感。

(3) 有的男生只知道和女生聊天,不知道和女生进行情感连接。

当面聊天的特点

对于相识初期的两性互动而言,当面聊天最大的意义在于信息的确认。确认什么信息呢?就是根据之前交流建立起来的预期,确认对方的奖品性是否充分、是否真实可信。对方到底是不是像自己想的那样——有可控性、能愉悦我、能关心我、能为我解决问题、性生活能够满足我、能给我面子、能为我花钱。之前的网络交流、道听途说、胡思乱想都是不确定的,而当面聊天可以给自己一个确定的信息。告诉自己,这个人是否值得继续推进关系。

基于当面聊天的性质,要想有出色的当面聊天表现,必须做好四点:

(1) 当面聊天的用语很重要,要有所收敛。区别于微信聊天或其他网络聊天,不熟悉的两个人在当面聊天过程中,有更强的心理防御机制。如果男生的用语过于随便、过于放肆,会激发女生的防御心理,让女生警觉和反感。

例如:两个人在微信上插科打诨,甚至 B 类调情,如果跟女生第一次见面就讲黄段子,很可能让女生不自在;男生天天在微信上嘴贫,逗女生开心,但是见面之后,如果男生依然句句嘴贫,会让女生感觉男生不够成熟稳重。

(2)当面聊天要分场合,什么场合用什么方式说话。当面聊天一定是处在具体的场合,不同的场合就有不同的说话方式。如果说话方式不分场合,要么让女生感觉没面子,要么让女生感觉没热情,要么让女生感觉没诚意。

例如:西餐厅说话最好斯文一些,大声喧哗会让女生反感;KTV 说话可以热情一些,一本正经会让女生感觉男生没热情;在亲朋好友面前说话礼貌一些,过于粗俗会让女生没面子。

(3)当面聊天的表达手段很重要,内容、语气、表情、肢体语言都构成了传达信息的载体。这是当面聊天的优势所在,一个口才不好的男生,如果能把语气、表情、肢体语言用好,也能成功地感染女生,得到女生的认可。

例如:一个传说中的老好人,跟女生聊天不会开玩笑、不会调情,但他的杀手锏是语气稳重、表情真诚,女生正好想找个人着急结婚,于是老好人也能打动女生;一个男生见识很广,能说会道,跟女生聊天的时候眼神很坚定,肢体语言很自信,女生当场触电,成了男生的小迷妹。

(4)表达的最终目的是感染别人,而不是表达自己。无论是街头广告、工作汇报、开会、演讲、商业计划书、约会聊天、表白、求婚、甜言蜜语、倾诉内心等等，人类的所有语言表达，无论是有意识的，还是无意识的，本质上都是为了感染别人、说服别人，而不是在表达自己。但是绝大多数人没有意识到这一点，要么只顾着自说自话，不管女生的反应，啰嗦个不停；要么沉醉在自己的情绪发泄中，显得毫无控制力。这就是很多人聊天毫无魅力的根源。

例如：一个男生口若悬河地跟一个女生讲自己当年高考如何不容易，如何努力，恰好女生的学历比男生还高，根本就不关心这个话题，女生暗示男生多次，男生都没有停下来，女生越听越不耐烦；一个男生被前女友伤害过，向约会的女生倾诉，本来是想博得同情，但是男生指天骂地、义愤填膺，让约会的女生好一顿惊吓。

让女人受用的措辞——正能量大全

（1）无公害系列：所谓的无公害措辞，是指不用区分场合，不用区分人的类型，这么回答，或者这么说，总是没错的。

关键词：你本人比照片漂亮、你让我印象很深刻、你是最棒的、我喜欢小孩、我相信爱情、我热爱生活、我兴趣广泛、我享受工作。

（2）同理心系列：同理心措辞，是指跟女生互动的时候，快速发现女生的情绪，快速表达男生的情绪，快速建立情感连接。这会让女生感觉有智慧、有诚意、很懂她。

关键词：这事儿不怪你、你的心情我能理解、我能想象你当时的心情、我能感受到你当时的快乐、如果我是你、你也是迫不得已、好可怜、笑得那么开心、你能这样做很不容易了、正常人都会这么想、正常人都会这么做、你渴望有人爱你、每个人都有自己的梦想。

（3）自信系列：自信措辞，是指男生对自己的积极评价与自我肯定。

这会让女生感觉男生强大、有力量、有安全感、有希望。

关键词：有信心、相信自己、绝不放弃、勇敢地改变自己、我可以、我相信、我一定能、坚持到底、努力、奋斗、加油、成功、明天会更好、真好、充满希望、太棒了、太好了、没什么大不了、不怕的、没事的、过去的总会过去。

（4）责任感系列：责任感措辞，让女生感觉男生比较靠谱，值得托付。责任感措辞要慎用，自己能做到再说，做不到不要乱说。

关键词：我愿意承担、我不会回避问题、不要斤斤计较、这是我的责任、我会负责的、绝不放弃你、学会宽容、不抛弃不放弃、能够帮助到你我很开心、这事儿交给我了、放心吧、无怨无悔、他们挺可怜的、付出精神、奉献、担当、家人、别担心、有我呢、有爱心。

（5）引领系列：引领措辞，让女生感觉男生思想有高度、有智慧、有见识，能够引领女生享受更好的生活和更棒的生命体验。

关键词：享受过程、结果不重要、生命的意义、心灵的港湾、打开新世界、洒脱的人生、生命的正循环、梦想、生活方式、对生活的理解、人要不断地肯定自己、更好的风景、人生就是一场旅行、内心的声音、振作起来、你可以的、每个人都有潜力、珍惜每一天、健康最重要、家庭最重要、成长最重要、过程最重要。

成为优秀的倾听者

女生天生是喜欢倾诉的动物，在打开话匣子之前，女生是腼腆的，甚至是沉闷的。但是，一旦女生的话匣子打开就经常刹不住车。事实上，女生对男生说得越多，证明对男生的交流兴致越高。因此，学会倾听女生既是一种美德，也是一种重要的交流能力。成为一名优秀的倾听者，可以了解到女生内心的真实想法，还会增加女生对男生的依赖感。

做好倾听这件事,主要把握两大操作要点:

(1) 恰当的情绪回应。倾听者的眼神、表情、动作、肢体语言,都要跟随叙述者的情绪,做出适时的反应。倾听者漫不经心会让叙述者很恼火;倾听者过于专注,表情浮夸,会让叙述者感觉不真实。正确的做法是倾听者的情绪与叙述者的情绪实现连接,做出适时的反应,就是我们常说的同理心。

(2) 恰当的语言回应。要想做好倾听者,需要做出恰当的语言回应,让叙述者感觉到,倾听者已经听懂了,领会到了叙述者想要表达的潜台词。

行为合理化:当女生描述了她自己的一个行为之后,男生可以通过一些有高度视角的解读来回应女生,让女生感觉到,女生自己做那些事儿都是对的,都是很合理的。

例:

女:前男友很依赖我,但是后来我跟他分手了。男:你很善良,看似他当时很难受,长远看,让他去找一个爱自己的人,对他更好。

女:前男友对我并不好,但我挺爱他的。男:每个人年轻的时候,或多或少都会有些执念,但对方不一定懂得珍惜,每个人都会经历这个过程的。

冷读:指的是男生在不是很了解女生的情况下对她进行解读,说一些模棱两可的话,比如,虽然怎样,但是怎样;看起来怎样,其实怎样;我觉得怎样;或许你怎样……这样模糊的描述方式,会让女生做出对自己有利的解读,感觉男生看问题有深度,很懂自己。

例:

你是个感情丰富的人,只是不善于表达或者不想表达,有时会被人误解或给人高冷的印象。

其实你知道自己想要什么,但你会安静地等待机会。

其实你想要的并不多,但就是这一点小小的要求却一直得不到满足。

窗口控制

两个人的交流,语言交流只是个载体,真正的交流是情绪的交流。要想实现情绪的有效交流,人就要让自己的情绪时而保持一种开放的状态,时而保持一种收缩的状态,才能跟对方有效互动,实现情绪的连接,我们称这种情绪的控制方法为窗口控制。如果人的情绪总是保持开放的状态,比如,总是很感动,总是很兴奋,总是很惊讶,会让别人感觉这个人有毛病;如果人的情绪总是保持收缩的状态,比如,总是很冷淡,总是很紧张,总是很怀疑,会让别人感觉这个人很封闭。

在两性当面聊天的过程中,为了快速实现两个人的情绪链接,男生对情绪的窗口控制显得尤其重要。女生会通过男生恰当的情绪收放状态,感受到男生的同理心、诚意、智慧、性情等等,进而对男生打开心扉,建立信任,产生依赖感。

女生情绪开放的信号:女生哭了、女生笑得前仰后合、女生向男生讲述很重要的事情(比如:家庭矛盾、童年经历、人生遗憾、人生梦想、重要创意、闺蜜的背叛、骂前男友、聊女生自己或家人的重大疾病)、女生惊喜、女生欢呼、女生盯着男生看、女生给男生讲笑话、女生跟男生表白、女生给男生送礼、女生跟男生提分手、女生主动靠向男生。

男生正确的回应方式——打开情绪连接的窗口:跟女生情绪尽量保持一致、眼神真诚、语气真诚、表情真诚、身体不要背向对方、真诚的语言回应。

女生情绪收缩的信号：女生不理男生、女生审视男生、女生轻视男生、女生敷衍男生、女生身体背向男生、女生神情慌张、女生害怕男生、女生玩手机、女生对男生冷笑、女生不耐烦、女生拒绝男生的表白、女生讽刺男生、女生怀疑男生。

男生正确的回应方式——关闭情绪连接的窗口＋保持娱乐精神：当女生情绪收缩的时候，如果男生试图跟女生建立情绪连接，一是会很困难，二是丧失了男生的姿态。这时候，男生应该回到淡定从容的日常状态，该幽默幽默，该调侃调侃，该保持姿态就保持姿态。

七
当面聊天的特殊技巧

请思考这是为什么

(1) 有的男生被女生提到尴尬的话题,就不知道如何应对,冷场了。

(2) 有的男生讲话索然无味,把女生听得打瞌睡。

(3) 有的男生希望说服女生,但是不知道如何表达。

封闭式提问

封闭式提问就是先把一些高大上、正能量、看似合理的观点加到问题中,再让对方确认,让对方无可辩驳、无可讨论的一种提问方式。在现实生活中,女生喜欢用封闭式提问的方式表达自己的观点,让男生跟自己保持一致,让男生服从自己。相比直接的表达,这样的方式显得更委婉、更礼貌一些。所以当男生面对女生封闭式提问,不要天真地以为女生是在征求自己的意见,也不要跟女生去辩论,以免引起情绪对抗;同时,男生也可以学着用封闭式提问的方式去说服女生。

情况一:女生用封闭式提问说服男生。

女:女生无论从力量上还是胆量上都不如男生,所以男生得让着女生,对不对?

男:对。

女:女生辛辛苦苦、多花点儿钱,把自己打扮得又精致又漂亮,男人带出去也很有面子,对不对?

男:有道理。

情况二:男生用封闭式提问说服女生。

男:人应该按照自己的方式去生活,何必在意别人的眼光。所以,选择一个能让自己开心的人才是最重要的,你觉得呢?

女:是的。

男:俗话说,男人是泥,女人是水。温柔的女人可以激发男人奋斗的力量,所以,女人温柔一些是有好处的,是不是?

女:确实是。

话题升华

当两个人刚相识不久,有的话题难免让男生尴尬、不适、无从回应。这个时候该怎么办呢?男生不要去刻意回避,也不要生硬地打断女生,以免引起女生的负面情绪和争论。男生可以将这个尴尬的话题升华到另外一个更高层面的话题,也就是将当前讨论的话题,再上升一个高度、上升一个境界去看,自然就会找到能够解开话题的钥匙,把即将聊死的天又聊活了。比如,将物质追求聊成了人生追求;将工作繁忙聊成了人生自由;将生活习惯聊成了勇敢地改变自己;将短期目标聊成了长期追求。

女:我看你经常去健身房,其实我不太喜欢肌肉男。

男:对我而言,运动不是为了变成肌肉男,而是要告诉我自己,我要保持健康的生活方式。你看美国总统奥巴马,不管有多忙,哪怕一小时以后要开新闻发布会,他仍然要去健身房。

(说明:男生将肌肉男这样女生的喜好问题,升华到了健康的生活方式。)

画面感植入

女人主要是形象思维,也可以理解为画面思维。她们的心理活动,大多数时候是先通过明意识的一些引导信息,然后由潜意识"放电影"完成的,什么样的画面联想,产生什么样的情绪感受。在某些时候,你主动给她脑中植入一些画面感,可以将她的思维和联想引导到你想要的那种状态,其实就是替她制造预期,这种方法叫画面感植入。主要的应用场景是在聊天、邀约、许诺、表白、求婚、规划未来等。

例:

(聊天)今天我看见一辆红色的奥迪撞倒了电线杆上,车头撞得稀巴烂,车主竟然一点事儿也没有,下车还跟老婆玩儿微信视频。

(邀约)你要是有机会来,我一定带你喝老板招牌的拿铁咖啡,奶泡很纯,拉花也很好看,特别是咖啡豆的香味,在离你半米的地方就会淡淡的飘过来,很诱人。

(求婚)我想每天醒来第一眼看到的就是你,我想每天都能牵着你的手出门、回家,我想我的生活里每时每刻都有你的身影,嫁给我,我会让你幸福的!

(规划未来)老婆,我洗澡的时候在想,以后家里装修,书房给你放个大大的书柜,阳台给摆个画架,放个懒人沙发,天气好的时候,我在旁边晒着太阳看书,你在旁边画画。

讲故事

讲故事是一种特殊的说话方式,既能很好地表达自己,又能很好地说服别人,感染能力特别强。讲故事不是一定要有故事才去讲,而是在说话的方式中,加入大量的修辞手法。

加入故事的要素:时间(例如,2008年的夏天)、地点(例如,学校的篮球场)、人物(例如,我家邻居老王)等。

加入故事的节奏:制造悬念(例如,你知道十块钱在我小时候能买多少东西吗?)、情节转折(例如,我以为他不爱我了,原来是他得了绝症。)、对比(例如,他在五星级酒店大吃大喝的时候,我在街头被淋成了落汤鸡。),等。

加入故事的画面:场所、颜色、大小、光线、数量、形状、动作、表情、气味等。

加入故事的情绪:善恶、对错、得失、好坏、喜怒哀乐等。

讲故事是一种很有感染力的语言表达方式,但也不能随时用,讲多了会让人感觉这个人很啰嗦。它在两性互动中的应用场景主要有:

(1) 详细介绍自己的时候。讲故事可以让听的人有更强烈的代入感,印象深刻。

例:

女:你以后会在北京定居吗?

男:我2009年的开春一个人来到北京。记得那天雪还没有化,当时我口袋里没有钱,谁也不认识。但是,我告诉自己,一定要在北京干出一番事业。一转眼十年过去,我在北京有了自己的事业,有了自己的生活圈子,北京就是我的家。

（2）打动说服别人的时候。讲故事可以打消对方的防御心理，让自己的观点更有说服力。

例：

女：这电影有什么好看的？

男：这电影是今年戛纳电影节的获奖影片，第一位导演去世了，后来他的儿子坚持把它拍完了。

（3）转移说话重点的时候。有些时候男生希望改变当前聊天的重点，可以用讲故事引出新的重点。

例：

女：你前女友对你好吗？

男：挺好的。去年夏天分手的时候，把我的衣服都洗得干干净净，才把我赶出来的，我的奥迪A4倒是给她留下了。

（说明：女生想知道前女友对男生好不好，被男生一句话的故事转移了重点，变成男生这个人对女朋友特别好。）

意识流对话

人在特别清醒的时候，思维的防御机制是最健全的时候，会被各种各样的社会道德规范、个人思维习惯所束缚，会对各种信息产生或多或少的质疑，此时，说服她的效率是最低的。如果对方处在半清醒状态，是最容易被说服的，这就是很多男人带女生去喝酒的原因。但是你不可能随时带女生去喝酒，所以，今天我们要给大家分享一种小小的超能力——意识流对话。

（1）通过一些人为的特殊小动作（例如：抽烟、动手指、玩打火机、玩咖啡勺、转钥匙），吸引她无意识的注意力，让她放松，不要过度清醒地关注你的语言表达。

（2）不断重复这个小动作，让对方进入一种无意识地专注状态，清空她潜意识的杂念。

（3）她对你信息的接受度升高了。这就是我们所说的，深入对方内心世界。

备注：女人天生就是潜意识操作的高手。其实大家都被女孩子催眠过，大家好好想想，有没有被女孩子玩头发、晃动的耳坠、说话的红唇、长长的睫毛、夹烟的手催眠过。这就是男人在精致的女人跟前智商低的主要原因。

操作要点

① 语气要舒缓，用词要轻柔，避免重新激起对方的防御机制。

② 用简单的、引导性的、聊天式的、封闭式的提问（只有一个答案），把你的观点和诉求灌输给她。

例1：这么多年，我一直想知道，像我这样每天为了事业，连三餐都不能按时吃饭的人，有没有资格去爱另外一个人。

例2：他们都说爱琴海特别美，我升职了，下个月想出国旅游庆祝一下，但我感觉一个人去这么美的地方好浪费、好傻，你觉得呢？

例3：早高峰的车真的很堵，我明天早上在西边开会，今天这么晚回东边住，明天一大早又要堵着过来，有点太累了，而且我还想跟你多待一会儿，我今晚住你家附近是不是更方便一些？

八
糖衣炮弹：让女人大方受用的甜言蜜语

请思考这是为什么

（1）有的男生夸女生，女生很嫌弃；有的男生夸女生，女生很受用。
（2）男生的很多甜言蜜语，女生明知是假的，也百听不厌。
（3）有的男生哄女生，女生觉得男生态度不真诚。

假对抗赞美

在两性相处的过程中，女生都希望得到男生的赞美。但是，男生往往把握不好赞美的时机和分寸，拍马屁拍到马腿上，被女生无视或抗拒，不但没有拉近两个人的关系，还让女生反感。这是为什么呢？因为关系的亲密程度不同，两个人的角色感代入不同，赞美的有效方式也是不同的。

相识阶段：两个人还在熟悉阶段，还有一些矜持，比较看重面子。直接赞美会让人不好意思，间接赞美就会让人很舒适、很受用。

短期相处：两个人已经比较熟悉了，直接赞美和间接赞美都可以。

长期相处：两个人非常熟悉，不仅直接赞美和间接赞美可以用，有时候为了增加情趣，还可以用讽刺性的赞美。比如，老婆夸老公敬业，说，这个人为了工作,老婆孩子都不要了。

下面我们告诉大家在相识阶段,如何很艺术地夸奖女生漂亮。

女生都希望男生认可和赞美自己的性价值——我很漂亮、我很性感、我很迷人。但是,在相识阶段,如果男生直接去赞美女生的性价值,会让女生很为难,不知道怎么回应。如果女生不同意男生的赞美,等于承认自己不性感、不漂亮;如果女生同意男生的赞美,就显得自己很肤浅、很自以为是。所以,男生赤裸裸地赞美女生的性价值,会让女生很不受用、很不舒适。那要如何艺术地赞美女生漂亮性感呢?男生需要在赞美中加入一点假模假式的对抗情绪(亮贱的战术),显得男生很正经、很正义、很弱小、很好色、很滑稽等等(自残的战术),这样的话,既强化了赞美的效果,还把话题的重点转移开了(铺台阶的战术)。我们把这种赞美的艺术称为假对抗。

例:

女:我的手被猫抓了。

男:这事儿不能怨猫,这么美的手,谁都难免冲动。

女:老公,我的裙子好看吗?

男:太好看了。跟你一起逛街,我得带块板砖防身。

女:(女生在朋友圈里秀性感自拍)。

男:(男生评论)我手机屏幕小,不要让我看这种需要放很大的朋友圈照片。

戴高帽

跟女生稍微熟悉之后,为了愉悦女生,可以经常给女生戴高帽。所谓戴高帽,就是很夸张地去夸奖女生。夸张到什么程度呢?夸张到女生一听就知道这是假的,正因为是假的,所以女生不会不好意思,愿意欣然接受这样的夸奖。

戴高帽的操作要点:

(1)夸奖的方式必须夸张,可以应用比喻、比较、科学论述、排行榜、科幻、电影、权威人士、做游戏等语气,形式感十足,这样女生才听得出这是男生故意在开玩笑。

(2)男生表达的态度要坚定,要一本正经,这样能形成巨大的反差效果。

例:

女:我最近想去整容。

男:去吧,你整完容我们马上搬家,去一个没有男人的世界。

女:(女生给男生发了一张照片)。

男:我手机电量低,不要让我在一张美照上盯着看半小时。

女:我最近在减肥。

男:别减了。你看那个男人扭头看你半天,颈椎病都犯了。

人格认同

人格认同不是溜须拍马,更不是去迎合他人的低级趣味,而是通过艺术的语言修辞,对女生的行为进行美化总结,得出的结论能够直达女生内心深处,对女生的人格进行肯定——我值得被爱、我很善良、我有气质、我有思想、我有才华、我很努力、我很靠谱等等。这会让女生找到存在感——我有价值、我很重要、我被需要。

例:

女:最近一个月每天工作12个小时,一天没休息过。男:你这人,明

明可以靠脸吃饭,偏要靠才华。你看我多好,明明可以靠才华吃饭,我偏偏靠脸。(女生很努力)

女:很多女生喜欢找有钱的,我喜欢找有潜力的。男:聪明,有潜力的早晚会有钱的,说明你是一个有追求的人,不像我这种喜欢不劳而获的女孩子。(女生很聪明、很努力)

女:最近有个男同事一直追我,我很明确地拒绝了。男:太好了,我果然没看错,你很善良。你不像有些女孩子吊着人家,你放了人家一条生路,阿弥陀佛。(女生很善良)

营养哄

我们先来看个例子。笼子里有三只母鸡,第一只,只会叫,不会下蛋;第二只,只负责下蛋,从来不会叫;第三只,只要一下蛋就咯咯叫个不停,通知主人来捡蛋。大家觉得这三只母鸡,哪只更受人欢迎呢?肯定是第三只。为什么呢?因为第一只母鸡,只叫不下蛋,没有价值;第二只母鸡,只下蛋不叫,显得很不情愿、很不积极;第三只母鸡就很完美了,又会下蛋又会叫,又有价值,态度又好。

在哄女生高兴这件事情上,男生就应该学习第三只母鸡,既会下蛋又会叫,做有价值、有态度的男人。

男生在哄女生开心的时候,如果不附带着提供实际价值,相当于空口说白话。

男生在给女生提供实际价值的时候,如果不说两句甜言蜜语哄一哄,女生有可能感觉男生不够情愿、不够乐意、不够积极主动。

所以,男生给女生提供实际价值,以及哄女生开心,这两件事是一对亲兄弟。男生给女生提供实际价值的时候,要记得说几句甜言蜜语,哄女生开心;男生在哄女生开心的时候,要记得想办法提供点儿实际价值。这就是营养哄。

例:

女:我们部门经理烦死了。

男:(发个小红包)买块板砖拍他。

女:(约会时女生走累了)。

男:旁边有家星巴克,咱们先去坐半个小时,喝杯咖啡,让宝宝满血复活吧。

男生送了女生一个包,说:我今天路过这家店,看见这个包就一定要把它买下来,因为我觉得,全世界没有谁比你背着它更好看了。

九
聊天的终极秘密：情绪价值

请思考这是为什么?

（1）聊天总处在同一个气氛中，时间长了女生很无聊。

（2）不知道该什么时候进行调侃和调情。

（3）聊天中总是害怕女生不高兴、不舒适、不理自己。

情绪单元

男女聊天当中的有效互动是情绪互动，没有情绪互动的聊天要么是谈公事，要么就是俗称的尬聊、硬撩、生唠。

情绪不是看不见摸不着的。第一，情绪是依托于语言进行调动和传递的，语言就是情绪的载体。第二，情绪就像一首歌，是有前奏、副歌、和高潮的，也就是说情绪的流动是有节奏的，意味着你可以把握它的长短和高低。

在男女的聊天中，来回十来句话就能构成一个情绪互动的对话组合，在这个对话组合中，至少可以完成一次男生对女生的情绪拉高，我们称这样的对话组合为情绪单元。什么样的情况下女生情绪被拉高了？女生身心愉悦、女生自鸣得意、女生自信、女生产生了娱乐精神、女生产生了好奇、女生产生了希望、女生产生了好胜心、女生产生了占有欲、女生产生了安全感、女生产生了满足感、女生产生了性期待、女生感激、女生吃醋、女生担忧、女生紧张、女生焦虑、女生患得患失、女生自卑、女生失落,等等。

情绪单元是构成男女有效互动的基本单位。怎么来理解这句话呢?

比如说,一个男生整整一天只跟女生微信上聊了四五句话,但是让女生情绪有波动,这就完成了一次有效互动。

再比如说,男生跟女生在微信上聊了半个小时,不一定每句话都能拉高女生情绪,也没有这个必要,但是,在半小时的对话中包含了三四个情绪单元,这也完成了一次有效互动。

在有些极端情况下,可能是男生的一两句话、一个微信表情,就给女生造成了极大的情绪冲击,让女生触电、变调、来电都是有可能的。

谈恋爱谈的是什么?谈恋爱不是商业谈判,谨小慎微、字斟句酌;谈恋爱也不是跟妈妈唠家常,絮絮叨叨、没完没了;谈恋爱更不是交朋友,推心置腹、直来直去。谈恋爱谈的就是一个个情绪单元,情绪单元在本质上,就是让女生对男生进行奖品性确认,让女生对男生触电和来电。也就是说,一个男生给女生的情绪单元越多,给女生的电就越多。举个例子,

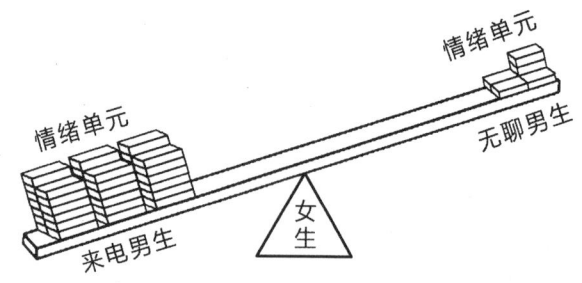

来电男生跟一个女生短暂交流了一个星期,给女生制造了几百个情绪单元;无聊男生跟同一个女生相处了一年,给女生制造的情绪单元还不到一百个。那女生愿意选择来电男生还是无聊男生呢?

情绪点在男女聊天的过程中,男生对女生的任何一句话进行回应,都有可能拉高女生的情绪。但是,在有些语势和情况下,会更容易拉高女生的情绪,这些语势和情况我们称为情绪点。大家也可以把情绪点理解为拉高女生情绪的机会点。在这样的机会点,男生可以调侃女生,可以展现姿态,可以发挥战术,可以建立情绪连接,等等。女生没有出现情绪点,男生去硬撩女生属于尬聊;女生出现了情绪点,男生不去撩,也是尬聊。

那有哪些语势和情况可以看作是情绪点呢?

女生打压、质疑、否定男生的时候。

例:

女:你年龄这么大,还单身,是不是眼光特别高。

男:是的,我不这么硬撑,怎么能等到你这样的。

女生向男生表现炫耀、自以为是、自鸣得意的时候。

例:

女:追我的男生特别多,我都看不上他们。

男:眼光高是对的,要不然怎么能等到我这样的。

女生向男生表达关心、诉苦、抱怨、赞美、感激、好奇、撒娇的时候。

例:

女:没想到你这么聪明。

男:没想到你这么有智慧,知道我聪明。

女生向男生表达了对某些事物的主观感受(好喜欢、好讨厌、好渴望、好可恶等)的时候。

例：

女：我好喜欢吃水煮鱼。

男：能把水煮鱼做好的男人可不多。

如果男生和女生的聊天过程中,话说了一大堆,但是气氛始终很平淡,对话波澜不惊,女生始终没有出现情绪点,那是怎么回事呢?那是因为两人的聊天内容客观陈述太多,主观表达太少。

什么是客观陈述?今天路上有点堵、健身对人的身体很好、你们公司有几个人、今天零下二十度。

什么是主观表达?今天路上堵得让人头大、健身是一个人自律的表现、你们公司有几个帅哥、今天我被冻成了狗。

如果男女生之间的聊天内容,客观陈述太多,语言就显得苍白无力、没有营养,自然情绪点就少。这时候就需要对女生进行语势引导。

首先,男生自己要多用主观表达的语气来和女生沟通,带领女生进入一种很主观的语言世界中。

其次,男生可以通过、询问、征求意见等方法,让女生主动表达自己的喜好、感受、观点,这时候女生的情绪点自然就出来了。

例：

女：今天早上打车等了一个小时。

男：无聊吗?

女：很无聊。

男：以后无聊的时候,可以想起我。

情绪变换

有的男生也会调侃女生,也能偶尔表现得很有情趣和智慧,刚开始让女生感觉还挺不错的。但是,这些男生,往往会抓住一个亮点不放,聊上十几二十分钟,过分榨取了这个亮点的价值,把女生活生生从兴奋聊到打瞌睡。女生为什么感觉到无聊了呢?因为女生审美疲劳了。一个好玩的笑话,第一遍是笑话,第二遍是乐趣,第三遍就是冷笑话。比如,男生和女生在对话中做游戏,男生扮演老师,女生扮演学生,头五个来回,女生还觉得挺有意思。如何聊到第十个来回,男生还在玩儿师生恋,女生一方面感觉到很无聊,一方面不得不勉为其难地配合男生,这也属于尬聊,叫隐形尬聊。

所以,男生和女生的聊天过程中,要注意一个重要的概念——情绪变换。就是把女生从一个单一的情绪中解放出来,而不是揪着一个情绪点不放,在那儿炒冷饭,把有趣的对话活生生变成尬聊。那如何引领女生情绪变换呢?

情况一:情绪着陆。

男生没有找到新的情绪点,或者遇到某些高冷的女生,或者双方比较忙,或者双方需要休息,男生通过几个来回的对话,拉高女生情绪之后,男生就不要再继续自嗨了,回到正常的交流气氛中。如果在以上条件不具备的情况下,男生还要强行自嗨,一是让女生审美疲劳,二是让女生感觉男生油嘴滑舌,有点儿不靠谱。

情况二:换一架情绪的飞机继续飞。

如果女生情绪很高,而且男生准确地抓到了新的情绪点,这时候就可以带领女生进入一种新的情绪。

(1)变换题材。比如,两个人在扮演皇上和妃子的角色,十分钟以后,男生又开始扮演乞丐,女生扮演施主。

(2)变换战术。比如,从推拉变成调情,从自卑联想变成自信联想,从亮贱变成英雄救美,从绅士风度变成 B 类调情。

(3)变换态度。父亲般的严厉变成母亲般的温柔,朋友般的信任变成路人般的怀疑,土豪般的大方变成仇人般的小气,商人般的精明变成孩子般的天真。

情绪发酵

我们之前说过,在相识阶段,两性互动不是为了你好我好大家好地聊个天,交个朋友,扯个家常,而是为了让女生看到一个有姿态、有价值的男人,让女生产生兴趣、让女生触电,这才是两性互动的目的。一切交流的形式、一切交流的气氛,只要符合这个目的,都是有效的。这会颠覆许多人之前的许多错误认知:

错误认知一:女生对自己友好、热情才是成功的聊天。

男生和女生交流是否一定要气氛融洽,是否一定要说声拜拜再结束对话,是否一定要让对方很高兴,这些都是不一定的。只有能让女生拉高情绪的聊天形式和内容,不管气氛是友好还是针锋相对,不管结束的方式礼貌结束还是无声收场,不管女生对男生是否热情,都是有效的两性聊天,都能让女生积累电量。

例:

男生在聊天无意中透露出有几个美女在追自己,女生听了肯定不会高兴、不会友好、不会热情,但是,女生在心中给男生加分了。

错误认知二:太急于看到女生马上做出回应。

人是复杂的动物,有些情绪可以马上回应,比如高兴;有些情绪不一定马上回应,比如欣赏;有些情绪还得故意隐藏,比如女生吃醋;还有些情绪需要女生安静时独自联想。我们称以上现象为情绪表现的滞后性。所以,不要急于在聊天中渴望看到女生的所有情绪回应。所以,要给女生一些时间和空间,去想象,去情绪发酵。

例:

男生头一天在微信里关心女生,让女生很烦。第二天女生就生了重病,去医院打吊针,女生一个人孤苦伶仃地坐在急诊输液室,突然觉得这样的男生很好。于是,女生拿起手机,给男生发消息,在干嘛?

情绪发酵是两性互动中一个重要的战术意识。男生向女生传达的有些重要信息,女生需要一定的时间发酵,才会建立预期、积累电量、做出反馈。这就好像男生在女生心里种下了一颗情绪的种子,等它长成大树、开花结果,是需要一定的时间和外部刺激条件的。

角色逆转

在相识阶段,男生总是卖力地表现自己,展示价值,希望女生认可自己。在这个博弈的游戏中,男生像个勤奋的演员,女生像个挑剔的观众。这样的演出形式,在相识初期是没问题的,也是合情理的。但是,如果男生一直这么演下去,女生不参与演出,是有问题的。有什么问题呢?女生对这样的两性互动方式,其实并不满足,女生内心里真正渴望的,是和男生一起痛快地交流、激情地互动,才能源源不断地碰撞出爱情的火花。所以,我们总结了一种完美的男女互动结构。这种结构分为三个阶段。

(1)演员阶段:男生展现价值,赢得女生认可。男生是演员,女生是观众。男生卖力表演,博取女生的好感,女生冷静地评判。

对应的关系阶段:预判阶段

男生聊天风格:收敛

(2)竞技阶段:女生展现价值,赢得男生认可。随着女生的情绪拉高,女生也变成了演员,参与演出,两个人同台竞技,争先恐后地展现自己。如何让女生高高兴兴地参与演出呢?首先男生要有姿态,一个唯唯诺诺、呆板无趣的男生,女生是没有动力参与演出的。如果男生把聊天情绪都调动得很好,把天聊得很精彩,形成了强烈的感染力,那女生是不会一直无动于衷的,不会一直把自己表现得很无趣、很无聊、很普通的,因为女生这样跟男生的互动,既没有面子,又享受不了沟通的乐趣,形成自我否定。女生会努力地像男生一样积极地表演,展示自己,提供价值。这个过程就好像观众去看摇滚演出,跟着音乐和节奏,总是情不自禁地唱起歌来,跳起舞来。

对应的关系阶段:变调前的价值测试阶段

男生聊天风格:洒脱

(3)裁判阶段:双方继续在两性互动的舞台上展现价值,男生成为引领者。男生从演员变成了导演和观众,主要任务是搭建舞台、架构剧情、拍手叫好,女生继续演出,享受男生提供的舞台和掌声,享受充分展示自我的机会,享受尽情表演的乐趣,不断找到存在感。在这个阶段,男生实现了角色逆转,从被评判者变成了裁判。大家不要误认为当裁判很轻松,裁判需要的是水平,要让女生心甘情愿地为自己演出,还要让女生感觉自己的演出能够得到语言和行为上的奖励,这样才会很高兴地演出。这就好像摇滚歌手看观众又唱又跳,索性把话筒递给观众,并在一旁鼓励观众一起来,给观众刷足了存在感。

对应的关系阶段:变调后的真心测试阶段

男生聊天风格:低身段

这个完美的男女互动结构,能让大家更好地控制男女沟通的态度、语气、节奏、风格,避免了很多常见的聊天错误。

比如：

有的男生跟女生还不熟，上来就对女生的沟通表现评头论足，比如，抱怨女生太冷淡，嫌弃女生没情趣，暗示女生不幽默，等等。女生心想，你自己不好好表现，反倒评论起我来了，谁给你的权利？

有的男生已经进入了女生的价值测试阶段，却表现得循规蹈矩、缩手缩脚，这不敢说，那不敢讲，生怕女生这样想、那样想，反而让女生漏电了。

有的男生已经进入了女生的真心测试阶段，不仅不对女生的热情和期待表示肯定，还继续自嗨，说话放荡不羁。比如，男生过于幽默，金句不断，让女生插话的机会都没有，这就抢了女生表现自己的风头，剥夺了女生的存在感；再比如，男生每天张口就是 B 类调情，张口就是自信联想、自卑联想、假想敌，张口就是推拉，张口就是各种心机，让女生感觉男生不靠谱，没安全感。

第5章 姿态约会法

约会到底是在干什么？什么样的约会才是有效的约会？约会中我们该注意些什么？约会中的常见问题怎么解决？遇人不淑我们又该怎么识别和处理？

在本章中，你将以新的维度和视野重新认识约会，掌握不同情况下，面对不同类型的女生该如何约会，让女生触电、来电，避免漏电。当然，你还能获得一双火眼金睛，轻松识别和规避那些"非正常目的"的人。更高效、最快速地抓住你的爱情。

一

约会触电

提到和女生约会,很多男生会有三个典型的脑回路:

(1)我要让女生高兴。表现出来就是讨好、献媚、附和、过度赞美、过度关心,认为这样就能让女生高兴,女生就会认可自己、接受自己。

(2)我要尽快确定关系。表现出来就是不断地表达好感,不停地表达诚意,很着急地表白,认为这样女生就会认可自己、接受自己。

(3)我要占点儿便宜。表现出来就是对女生动手动脚,不放过任何一次占便宜的机会,提一些过分的要求,思想猥琐,认为能吃一口是一口。

除了一些条件上的硬伤,比如身高、长相、工作等,大部分的约会漏电都是以上三个脑回路造成的。在女生眼中,这样行为的男生要么意味着低价值,要么意味着高风险,总之都要归入低收益文件夹,就是我们所说的预判失败或者测试失败。

认识约会

要正确地认识约会,我们要学习约会的第一个重要概念——预期。就像男生在约会之前,总是期待着一个这样好那样好的女生出现在自己眼前；同样的，女生在约会之前，也是期待着一个有姿态、有价值的男人出现在自己眼前。女生愿意和男生约会，主要是对男生产生了高收益的预期。我们再重复一遍重点概念，高收益等于高价值加上低风险。这就解释了，为什么带着以上三个脑回路去约会很容易失败，因为不符合女生的预期。

要正确地认识约会，我们要学习约会的第二个重要概念——约会是分阶段的，分为变调前的约会和变调后的约会。变调前的约会，女生的主要预期是男生的价值，主调是让女生触电；变调后的约会，女生的主要预期是男生的可控性，主调是让女生来电。变调就是女生对男生考察重点的此消彼长。变调之前，女生考察的主调是男生的价值，考察的辅调是男生的可控性，我们称这个阶段为价值测试阶段；变调之后，女生考察的主调是男生的可控性，考察的辅调是男生的价值，我们称这个阶段为真心测试阶段。

约会触电的特点

触电，就是女生发现男生的价值，建立预期，感到兴奋。约会触电，可以让女生的高价值预期得到最全面、最快速、最真实的确认，确认男生身上是否有女生需要的奖品。和微信聊天一样，女生希望在约会中发现一个有姿态、有价值的男人。但是，相比微信聊天，约会的触电更加高频，更加真实。

为什么更加高频？约会可以提供更加丰富的场景和机会，比如，可以通过形象、聊天、表情、肢体语言、行为、财物等，让女生充分了解男生、发现价值。

为什么更加真实？俗话说，百闻不如一见。之前两个人的网络交流、道听途说、胡思乱想都是不确定的,而约会中的真实互动,可以给双方比较确定的信息,判断对方是否值得继续推进关系,大家可以把它理解为商贸活动中的验货环节。

所以,约会是两个人推进关系新的起点。不代表女生已经完全认可了男生,也不代表男生可以对女生肆意妄为。男生应该抓住约会这个机会,充分展现姿态和价值,让女生高频触电。

单线触电

单线触电就是女生以直接感受的方式考察男生的某项价值。有一类女生,她们看问题比较简单直接,更看重表面现象。比如说,这类女生想知道男生能不能关心自己,就会从男生会不会倒水、递毛巾、嘘寒问暖等直接表现、短期表现做出判断。所以,这类女生考察男生价值的方式也很简单直接,只相信眼前看见的效果,不会做过多的深入思考。这类女生更喜欢流行的东西,一定要跟上大众潮流。

关键词:月薪多少、房子多大、性格要好、看人家男朋友、我闺蜜买了什么、你打算给我买什么、节日要红包、你应该如何对我、男生一定要、他至少、他最好、事业稳定、没意思、他不能、为了我、丢人、说到做到、事无巨细、安全感、吃亏、愿意为我、记住我的生日、耐心地对我、珍惜我、硬性要求、哄我、宠我、尊重我、爱我胜过爱自己、脾气要好、三观一致。

约会聊天的方式要接地气。多聊一些浅显易懂、世俗、生活化和女生高度相关的话题,让女生更感兴趣,更有参与感。不要把话题聊得很复杂、很深刻,更不要聊太多的历史、哲学、科技、工作、思想等远离生活、远离女生的话题,会让女生感觉很无趣、很空洞,甚至让她们感觉烦躁。

例:最近商场在打折,打几折;哪里开了一个网红餐厅,要提前一天预约;哪个明星又出轨了,他老婆也出轨了;公司的上司很花心,和前台有一腿;一定要去一趟日本,听说那边的面膜打折了。

约会项目要潮流一些。尽量带这类女生去一些知名的、有面子的、消费高一点的地方,这样她们才会感到兴奋。

例:购物中心、奥特莱斯、当红电影、网红餐厅、网红酒吧、热门景点、各种可以晒朋友圈的地方。

礼物的价格一定要容易辨别。礼物的价格太模糊,一是会增加女生的判断成本,二是会让女生怀疑男生的诚意。

例:红包、名牌商品。

男生展示价值的方式要简单直接。在约会中给这类女生提供价值的方式要直接、要及时、要通俗,不要太含蓄、不要拐弯抹角、不要藏着掖着。因为这类女生更愿意相信自己看得见的,对男生的价值不会做过多的推导和分析。

例:直接秀自己、直接关心女生、直接给女生解决问题、直接给女生花钱、直接送礼物。

多线触电

多线触电就是女生以观察思考的方式考察男生的某项价值。有一类女生,她们看问题有一定的深度和智慧,更看重事情的本质。比如说,这类女生想知道男生能不能关心自己,就会从男生会不会孝顺父母、关心朋友、为人处世等综合表现、长期表现做出判断。所以,这类女生考察男生价值的方式就会多角度、全方位的观察与判断,不会从表面现象得出结论。这类女生有一定的素养,善于思考,兴趣也更广泛。

关键词:你怎么看、上进心、内在品质、本质上、有追求、有理想、有原则、有底线、有意义、正直、兴趣爱好、见识、信仰、信任、不计较、平常心、太功利、看书、共同成长、互相帮助、好奇心、自律、控制力、不卑不亢、大气、一起奋斗、同理心。

约会聊天的方式要丰富有内涵。聊什么话题不重要,但要在聊天中展示出男生独特的见解和思想,甚至可以将话题延展到历史、哲学、科技、工作、思想等更深层的话题,让女生感觉男生有内涵,以便于女生对男生的内在价值进行全面的考察。

例:从影片聊到导演;从食物聊到文化;从衣服聊到性格;从网红聊到审美;从房价聊到经济;从天气聊到环保;从心情聊到心理学。

约会项目要多元化。这类女生兴趣更加广泛,不能总是带她们去吃吃喝喝的约会场所,这样的场所不能充分展现男生的价值。可以加入一些有文化、有内涵、有个性,甚至有社会意义的约会项目。

例:传统的吃喝玩、音乐会、画展、话剧、美术馆、博物馆、动物收容所、花鸟市场、跳蚤市场、公益慈善、农家乐、一起去健身、一起去上课、一起去徒步旅行。

礼物要走心。这类女生会从价格、男生的初心、送礼的方式、礼物的意义等多方面判断礼物的价值。

例:常规的红包、常规的名牌、价格不明但很珍贵的礼物(书画、手工艺品)、DIY的礼物、很浪漫的小礼物、给女生身边人带小礼物。

男生展示价值的方式要多维度。在约会中,可以直接地、间接地、艺术地、立体地全面展示自己的某项价值。

例:男生要向女生表现能关心人的一面,除了直接关心女生,还可以向女生表现男生很关心自己的父母、朋友,表现自己有责任感。女生会从这些综合信息,来判断男生未来能不能关心自己。

二
约会来电

约会来电的意义

来电就是女生对男生的预期得到满足。女生对男生的价值认可之后，预期男生展示出真心诚意（可控性），由于男生的积极回应，让女生的预期得到了满足，预期越强烈，女生越敏感，越容易来电。如果说，触电是打开爱情的钥匙，那么来电就是锁定爱情的链条。女生对男生来电了，就会着手考虑跟男生建立关系（男女朋友、啪啪啪、结婚等等）。女生电来得越多，锁定男生的愿望就越强烈。

通过约会让女生触电之后，电量累积到一定程度，就让女生开始变调了。变调前的约会，女生的主要预期是男生的价值，主调是让女生触电；变调后的约会，女生的主要预期是男生的可控性，主调是让女生来电。变调就是女生对男生考察重点的此消彼长。变调之前，女生考察的主调是男生的价值（能不能配得上我），考察的辅调是男生的可控性，我们称这个阶段为价值测试阶段；变调之后，女生考察的主调是男生的可控性（真心喜欢我、只喜欢我一个、会一直喜欢我），考察的辅调是男生的价值，我们称这个阶段为真心测试阶段。变调之后，男生对女生的关心、表白、肢体接触等,才能产生积极的意义,让女生来电,和女生建立关系。

有两种途径会让女生来电,让女生感受到男生的可控性,一是展示真心诚意,二是进行肢体接触。

真心诚意:男生的行为和态度,例如,深情的告白、专注的眼神、充分的重视、关心呵护、舍己利她,让女生产生了大量的联想,感觉到男生一往情深、可以托付,内心一阵感动,产生了锁定男生的渴望。

肢体接触:只是因为两人肢体的亲密接触,例如,盯着看、公主抱、亲吻、抚摸,让女生感觉心跳加速,分泌一系列爱情激素,产生了占有男生的渴望。

真心诚意

真心诚意,顾名思义,就是女生通过男生传达的各种信息确认了男生的可控性。

例:一对情侣在寒风中吵架,男生一边吵一边使劲给女生挡着风,女生突然发现后,不仅停止了争吵,而且心里暗暗发誓一定要嫁给这个男生。

我们知道,女生变调之后,会对男生很敏感。男生的一言一行,一颦一笑都有可能被女生作为一种可控性的解读。解读什么呢?他是真的喜欢我吗?他有多爱我?他是不是只爱我一个?还会有别的女人嘛?他会一直爱我吗?等等,诸如此类。如果这些问题得到了正面的答案,女生就会感到很满足,也就是我们所说的来电了;如果这些问题得到了负面的答案,女生就会感到失望,也就是我们所说的漏电了。

那男生如何在约会中向女生展示真心诚意呢?

最传统的方式就是直接告诉女生我爱你,俗称表白。给女生真情告白、对天发誓、各种决心、各种承诺、各种保证、各种鲜花礼物、各种仪式感。男生这样做的目的就是为了告诉女生,我是属于你的。那女生信不信男生呢?有的女生直接就信了,有的女生将信将疑,她们会结合男生的行为去判断。

于是,男生的很多行为也会成为女生判断男生真心诚意的依据。比如,说的靠不靠谱,表情够不够诚恳,语气够不够真诚,行为够不够感人,等等。

不管男生说得漂亮,还是做得漂亮,总之男生得让女生相信,自己的态度是没问题的,是值得信赖的。如果男生的真心诚意到位,一片叶子、一个动作、一个表情,都可能让女生来电。

例:(网友自述)我们走在河边,聊着彼此的过往,他突然停下看着路边的树枝,摘下一片树叶对我说:"你不觉得这片叶子很美吗,送给你吧。"也可能是那天阳光刚好,笑容太耀眼,我就这么看呆了。

肢体接触

肢体接触,就是俗话说的,触摸、牵手、搂、拥抱、亲吻等。肢体接触不是去占女生便宜,而是在女生变调之后,男生表达内心渴望的方式,让女生感觉到男生的可控性,快速拉高女生情绪,让女生来电。

女生变调之后,会对男生很敏感。在某些时刻,需要靠肢体接触来表达男生对女生的兴趣、渴望、态度,就要顺其自然地和女生肢体接触。这些时刻如何把握呢?男生已经发现女生在用肢体语言释放信号,处于等待状态。

女生口头提出要求(抱抱、亲亲等,调侃的除外);女生主动肢体接触男生(触摸、牵手、搂、拥抱、亲吻);女生主动靠在男生身上;特别浪漫的二人世界(山顶、沙滩上、时代广场);女生向男生哭诉的时候;深夜独处(不限场合)。

例:

(转自网友自述)认识第六天,一起去天津的摩天轮,天津之眼。在过最高点的时候他亲了我,在一起。

(转自网友自述)我们第一次牵手的那天,我忙了一整天蓬头垢面不修边幅就去见他。结果过街的时候,在人潮汹涌的街头,他突然紧紧拉住我的手。一副非常开心的样子。那一瞬间,我觉得整个世界都温柔了。

(转自网友自述)站在天台上看我们的高中、看整个城市,风大,他从后面环住我,把我裹在他的外套里,温柔地亲我的头发。

约会来电的土壤

在女生变调之后,为了创造来电的条件,约会的内容和互动方式要有所变化。

约会项目:相比前期的约会,变调后的约会不一定去人群混杂的消费场所,也可以去一些更安静、更浪漫、更暧昧的地方,这些地方更利于建立情绪连接、情感连接。

例:

风景优美的湖边;楼顶天台;爬山;野营;安静的公园;私人影院;游乐场;KTV;约女生一起做饭;散步;划船;逛宜家;演唱会;一起做手工;周边游;共度节庆日;旅游。

聊天话题:可以聊一些相互之间更私密、更个人化、更率真的话题,这样可以展现男生的真心诚意,拉近彼此的距离。

例:

可以聊聊家长里短；可以聊聊成长经历；可以聊聊工作；多聊聊未来的规划和自己的梦想；聊一些自己的小秘密；可以向女生展示脆弱的一面；可以聊情史；可以聊人生观。

行为态度：这个阶段男生对女生的行为态度应该更积极、更主动、更配合一些，这样会进一步建立女生对男生的信任。

例：

男生之前聊天很喜欢调侃，这时候说话该正经就要正经一些；可以让女生见自己的哥们儿好友；可以主动询问女生的喜怒哀乐；可以主动关心女生、夸奖女生；可以向女生撒娇；可以向女生提要求；可以多跟女生调情。

亲密行为

在两性关系中，亲密行为是一件很重要的事情。很多男生把亲密行为看作是吸引女生的最终目的。其实，亲密行为只是爱情体验的一部分。在爱情中，让我们获得美好体验的奖品包括：可控性、愉悦我、关心我、为我解决问题、性生活满足我、有面子、为我花钱。性生活的满足只是七大奖品性的其中一条。所以，亲密行为只是爱情体验的一部分。

追求结果的叫目的，享受过程的叫体验。既然亲密行为不是爱情的目的，而是一种体验，那我们就应该强调体验的质量。也就是说，看待亲密行为这件事情，不能为了实现目的而牺牲体验。那我们来看看什么叫牺牲体验。

情况一：一方兴致很高，另一方没有兴致。

什么叫没有兴致，就是不想做这件事。没兴致的原因有很多，可能是关系没到那一步、太累了、第二天要早起、心情不好等等。亲密行为是需要双方全力投入、身心配合的一件事情。一方没兴致会导致双方的体验都很差。

情况二：客观条件不允许。

有些时候，虽然双方都很有兴致，但是客观条件太差，不支持一次完美的亲密行为体验，比如说：环境太差、生病了、在生理期、没有安全措施等等，也不要去勉强发生亲密行为，不要把自己的快乐建立在别人的痛苦之上，这谈不上美好的情感体验。

那么如何才能在亲密行为中创造美好的爱情体验呢？答案是姿态。就像在生活中，有姿态的男生会更有吸引力一样，在亲密行为中，有姿态的男生同样对女生更有吸引力。因为男生是两性关系的引领者，有姿态的男生会让女生感到这个男生很有价值，继而产生喜悦、热情、兴奋等各种美好的情感体验。那要怎么做呢？很简单，避免那五大错误姿态就可以了——不讨好、不急迫、不装逼、不计较、不逃避。

不讨好：不要刻意地奉承对方，比如，频繁地夸奖对方；不要装可怜乞求对方，比如，就这一次嘛。

不急迫：不要火急火燎的，让人感觉没吃过螃蟹一样；不要总是直奔主题，完全不酝酿情绪，不考虑对方的感受。

不装叉：不要把自己的身段端得很高，那样只会破坏对方的兴致，比如，你一定要怎样怎样。

不计较：不要因为对方没有迎合自己，就耿耿于怀，让气氛变得很尴尬，比如，你为什么不怎样怎样。

不逃避：男生还是要主动一些，不要死死地坐着，指望着女生主动；也不要那么功利，达到目的以后，就把对方冷落了。

正常情况下，在亲密行为中，只要避免了这五大错误姿态，就能让双方得到良好的体验。但在现实生活中,由于亲密行为时情绪都比较激动,姿态容易失控,经常出现以上错误姿态,破坏了情感体验。所以,与其去研究亲密行为的技巧,不如时刻提醒自己,要保持住正确姿态。这就是在亲密行为中获得美好体验的秘密。

三
约会漏电

约会漏电的基本常识

漏电就是男生让女生预期落空,感到失望。女生对男生产生预期之后,如果男生表现不佳,可能是低价值行为,可能是错误态度,让女生感到失望,就漏电了。电漏光了,女生就想抽离这段关系。

男生和女生交往的过程中,男生的很多无心之举,会让女生失望,漏电。什么是无心之举呢?男生认为很正常的小事儿,在女生眼里就是很不正常的大事。更可怕的是,女生漏电了男生是不知道的。等女生张口表达不满的时候,已经是失望累积到一定程度了,等待男生的命运就是被拉黑、被吵架、被分手。

在恋爱初期,大量的漏电都是在约会中完成的。就像约会触电比微信触电更高频、更真实一样,约会漏电同样比微信漏电更高频、更真实。男生的语言、肢体语言、行为方式、硬实力等各种方面,都有可能成为女生漏电的因素。所以,约会不成功的原因,除了财富、形象等硬实力之外,还有大多数漏电是来自男生的行为态度,大家可以理解为,来自错误姿态。

约会漏电最大的特点就是不易察觉,因为女生会把失望藏在心里,不会轻易写在脸上。通常,在约会以后,女生对男生态度变得冷淡,不用想太多,就是约会漏电了。

约会漏电主要分为两种情况——价值漏电和可控漏电。

价值漏电

男生的低价值表现让女生很失望,就叫作价值漏电。

在约会中,女生眼里,男生的哪些行为属于低价值表现呢?主要分为两类情况。

第一类情况:硬实力漏电——女生直接观察到男生价值很低。比如,对男生形象不满意;对男生收入不满意;觉得男生太无趣;觉得男生家境不够好;男生的行为举止比较低俗;等等。

例:

约会见面时,男生衣冠不整、头发油腻,还留着武则天一样的长指甲,让女生饭都吃不下去。

第一次约会见面,男生色眯眯地上下扫描女生,让女生很不舒服。

女生是个很活泼的人,男生沉闷木讷、毫无情趣,整个约会都是在尬聊中度过的。

女生想找个家境好一些的,听说男生来自农村,女生很失望。

第二类情况:错误姿态漏电——男生的错误姿态让女生感觉男生价值很低。比如,男生太讨好、太急迫、太装叉、太计较、太逃避等等。

例:

约会见面以后,因为女生比较漂亮,男生对女生唯唯诺诺、阿谀奉承,让女生看不起,这是讨好。

第一次约会,还没聊半小时,男生突然很严肃地向女生表白,把女生吓一跳,这是急迫。

约会的时候,男生很夸张地看手表,顺势让女生猜猜这块表多少钱,这是装叉。

约会吃饭,服务员上错菜了,对服务员破口大骂、不依不饶,这是计较。

女生因为男生价值漏电以后有什么表现呢?

第一次约会的过程中,女生表现得高冷、敷衍、挖苦;约会中,女生突然借口有事离开;第一次约会后,女生微信上对男生明显冷淡;还有比较常见的见光死,约了第一次再也约不出第二次,甚至直接拉黑男生;约了两三次再也约不出来,或者约了两三次之后,女生依旧冷淡;约会中或者约会后,女生告诉男生我们不合适。

女生因为男生价值漏电之后,男生该怎么办?

男生应该主动断联,不要着急跟女生互动,包括不要着急微信聊天、不要着急再次约会。一方面对女生的需求和两人的关系做一个冷静地评估,思考一下两人的关系是否有必要继续。另一方面,男生让女生漏电也证明了自己价值的不足,男生要正视问题,接受自己的不足,针对性地开展自身建设,尽快地提高自己。下一次约会的时候,也许不再是同一个女生了,但不要让自己再次成为被人筛选的对象。

可控漏电

男生对女生没有足够的真心诚意让女生很失望,就叫作可控漏电。

在约会中,男生的哪些行为会让女生觉得男生没有可控性,让女生失望呢?主要有两种情况。

第一种情况,男生逃避的错误姿态让女生漏电。逃避是最容易让人失望的一种品质,具体表现为逃避承担责任、回避问题、对人敷衍、拒绝沟通、拒绝改变、不求上进等等。在女生眼里,这样的男生是没出息的,自卑、懦弱,不值得托付。在约会过程中,男生的逃避会让女生严重漏电。

例:

女生在约会中突然肚子很痛,男生不管不问,装作什么也没发生。

女生最近上火长痘痘,男生喜欢吃辣的,约会的时候执意要带女生吃湘菜。

男生给女生许诺了很多事情,从来不去做,女生问起来,男生总是敷衍。

男生对女生各种撩骚,女生认可男生之后,男生态度又变得很暧昧,拒绝承认关系。

第二种情况,两人对关系的预期不匹配让女生漏电。由于成长经历和价值观的不同,两个人对恋爱关系不同阶段该做什么事的理解会出现偏差,一旦男生的行为未达到女生的预期,也会产生漏电。

例:

女生过生日,男生给女生发了个红包,女生觉得男生应该给自己亲手挑选一个有心意的礼物。

男生喜欢和女生过二人世界,女生却抱怨男生从来不让自己见一见男生的同事、好友、亲人。

两个人的关系已经很亲密了。约会中,女生认为两个人应该有一些肢体接触,男生却很保守,女生觉得男生不够喜欢自己。

女生因为男生可控漏电以后有什么表现呢?

约会中,女生会莫名其妙地提问题、提要求,或者对男生有怨言、闹情绪,甚至生气要离开;有些含蓄的女生会用眼神、肢体语言、话题暗示男生不够积极；有些性格直率的女生会跟男生警告、摊牌、下最后通牒、反表白、制造假想敌、甚至借酒消愁等等；约会后，女生会跟男生生闷气，几天不理男生，突然又开始理男生；如果有共同的朋友，女生会找他探听消息，甚至让他当说客。

女生因为男生可控漏电之后，男生该怎么办？

首先，如果男生不想和女生建立恋爱关系，那就态度坚决地和女生停止暧昧关系，不要让女生心存侥幸。其次，如果男生对女生是真心诚意的，那就拿出真心诚意的态度和样子来，让女生感受到可控性，建立起两个人的信任。

筛选意识

两性关系的本质就是奖品交换。男性为女性提供奖品，同样的，女性也为男性提供奖品，这构成了两性关系的基础。没有奖品交换的两性关系是不持久的。奖品交换到底在交换什么呢？可控性、愉悦我、关心我、为我解决问题、性生活满足我、有面子、为我花钱。

所以，不论男生和女生，都应该建立价值筛选的意识。所谓的价值筛选，第一步，就是通过两性互动的状态，评估双方的奖品交换是否能够成立。第二步，根据判断的结果，要勇敢地做出决定，采取行动。

如何判断双方的奖品交换是否能够成立呢？可以从两方面看，男生能否满足女生的核心需求，女生能否满足男生的核心需求。

例：

男生带女生吃家乡菜，女生嫌弃男生没带自己去高档餐厅。男生想要愉悦，女生想要有面子。

男生想找一个灵魂伴侣，但约会的时候女生完全接不住男生的笑话。

男生想要愉悦,女生提供不了。

约会的时候,男生因为茶壶太远,没有给女生倒水,女生埋怨男生不关心自己。女生想要万千宠爱,男生提供不了。

男生是个很体面的人,约会的时候,女生因为上错菜跟服务员吵架。男生想要面子,女生提供不了。

如果判断双方的奖品交换能够成立,自己就应该更珍惜这段关系,尽全力去争取对方。

如果判断双方的奖品交换不能成立,就要采取行动,不要去消耗自己,也不要去消耗别人,应该主动地终止关系,给自己和对方更多的机会去追寻真正的爱情。很多亲人在投机心态和吃亏心态的影响下,哪怕意识到了核心需求不能相互满足,仍然很侥幸地推进关系,让自己在关系中很被动、很压抑,也找不到真正的幸福。

投机心态怎么想?

只要我坚持,早晚能感动她;只要发生关系,她就是我的了;目前这段关系先凑合一下,等有更好的再说;她这个样子只是暂时的,她会改变的;我相信我能改变她;没有谁和谁是天生就合适的;我觉得我可以容忍她的这个那个;这个人条件这么好,我要更努力而不是抱怨她;她一定是在考验我。

吃亏心态怎么想?

我已经为她付出了这么多,现在放弃我就亏大了;关系都到这一步了,不能轻言放弃;错过她,我就再也碰不到更好的了;怎么能因为一点儿小事儿就放弃这段关系呢;不能现在绝交,等我占点儿便宜再说;哪能这么轻易就结束呢,她要付出代价。

只有抛弃了投机心态和吃亏心态,建立价值筛选的意识,做出正确的

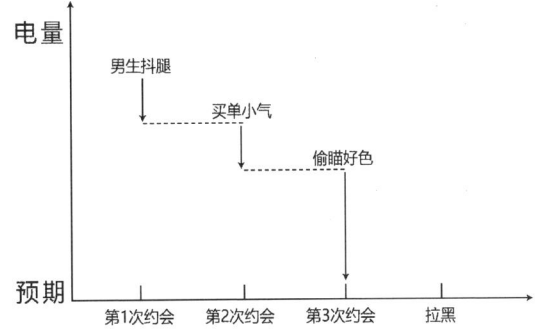

选择,才能获得真正的情感自由,让自己在爱情中变得主动、积极、不迷茫、不焦虑,找到真正的人生幸福。

四
约会常见问题

为什么在女人面前总是紧张？

（1）对女生需求感太强，在女生面前怕自己表现不好，患得患失，肯定紧张。

（2）觉得女生太有价值，或者觉得自己太没价值，抱着一种仰视的心态接触女生，紧张也是很正常的。

那怎么才能变得不紧张呢？其实，男生在女生面前会紧张，不管什么原因，主要是因为姿态不对。姿态就是在两性接触中，男人的价值、内涵、品质以什么方式呈现出来。男生面对任何女生，不论美丑、穷富，都应该表现得淡定从容、真实自然、沉稳大气。那怎么才能找到这种感觉呢？大家可以从舍得心法中修正自己的认知，训练自己的心态，找到高姿态的感觉。

从我见到你第一眼开始，我就开始担心了。我不担心最后是否能够得到你，我担心的是，在我跟你相处的每一分钟——

你是否抛却了生活的烦恼，

你是否忘掉了人生的孤独，

你是否产生了瞬间的心动，
你是否感到了刹那的满足，
你是否发现了存在的价值，
你是否拥有了发自内心的快乐。
我不担心，是否能够得到你。

为什么搭讪会让人紧张

（1）失败焦虑：怕被拒绝、怕没面子、怕自己表现不好。搭讪的关键不在于成功还是失败了，而在于你做了还是没做。做了代表你有态度，不做只会让自己更加否定自己，重复舒适区的恶性循环。

（2）过分解读：对目标的信息在没有太多依据的情况下得出很多结论，俗称想得太多，进而造成自己心理上的纠结，耽误了自己的进攻。

例如："她戴着戒指，是不是已经结婚了？""她像在等人的样子，她男朋友就在旁边吧。""她这么漂亮，不可能没有男朋友。"

（3）自我开脱：在没有真正了解对方的基础上，根据一些片面信息，就给对方贴标签、乱归类、轻易下结论，对对方一票否决，拒绝去接触。

例如：一个时尚圈的朋友组织了一次聚会，来了一个高个子的美女，你就认为她肯定是模特，并且被潜规则过。

为什么搭讪经常被拒绝

有一些女生的客观原因确实会造成搭讪失败，例如：

① 有男朋友，并且对当前恋爱状态很满足。

② 外界环境会给女性造成较大压力的时候。例如：黑夜的街头、无人的小巷子、银行门口。

③ 女生自身紧张的时候。例如：赶着上班、动作急促。

但是，更多的搭讪失败是因为男生的自身原因造成的，什么原因呢？姿态不对。姿态就是在两性接触中，男人的价值、内涵、品质以什么方式呈现出来。错误姿态让很多有价值的男生也被女生拒绝。导致搭讪失败的错误姿态主要有三种：

(1) 讨好（代表人物——泰迪）：有的男生一接触到心仪的女生，立刻把姿态抛到了九霄云外，对女生拼命地献媚、跪舔，一脸讨好的表情，各种附和赞美，需求感很强烈，让女生感觉来者不够级别，没有挑战性。献媚讨好的原因，要么是男生把自己看得太卑微，要么是带着投机心态。所以，自信和不卑不亢的态度，会让女生觉得这是一个高价值、有市场的男人。

(2) 急迫（代表人物——哈士奇）：有的男生在和女生的接触中，不分环境、不看时候，乱打一通。比如，刚认识就晒价值、开条件、猛烈进攻，显得急不可耐。大多数情况下，面对这种突如其来的猛烈进攻，要么让女生觉得男生是花心大萝卜，要么让女生觉得男生根本不懂女生想要什么。所以，在任何情况下，不管女生多么有魅力，不管男生内心多么躁动，都要稳住气场，保持一个淡定的姿态。在女生眼里，这才是高价值男生应有的状态。

(3) 装逼（代表人物——孔雀）：有的男生在和女生的接触中，企图靠硬装出来的样子去欺骗女生、唬住女生，例如，炫耀、装高冷、说话装腔作势等等。对于身经百战的美女来说，你在伪装过程中的蛛丝马迹是逃不过她们法眼的。一旦被识破，就会以最快的速度归入低收益文件夹，很难翻盘。所以，保持正确的姿态，不代表故作姿态。真实、自然的表现，才会让女生感觉如沐春风、魅力四射。

约会的预算

（1）如果谈恋爱给男生造成了很大的经济负担,男生应该去努力工作,多赚钱,事业为重。

（2）如果谈恋爱并没有给男生造成很大的经济负担,男生就不应该太去计较经济上的得失。

（3）如果女生经常以高消费作为约会的前提条件,这样的约会可以拒绝。

约会时女生要带一个同伴怎么办

这是一个特别好的向女生的情感顾问展示姿态和价值的机会。高高兴兴地接受这个情感顾问吧,该吃吃,该玩玩,做一个有姿态的男生,不去计较预期落空,抓住这个机会,好好表现自己。但是,约会从二人世界变成了社交场合,男生向心仪女生展示的奖品性要做些调整。当女人身处二人世界,没有第三方眼光、没有同性竞争,这时候女人的奖品性偏好会更倾向于实用型的。希望此刻有人愉悦自己、关心自己、为自己解决问题。当女人身处社交场合,存在第三方眼光或者潜在的同性竞争,这时候女人的奖品性偏好会更倾向于虚荣型的。希望此刻有人给我面子、为我花钱、跟我一致。

恋爱中如何给女生送礼

送礼是一种艺术。男生在不同阶段给女生送礼有不同的意义。

男生跟女生刚相识的时候,主要处于女生对男生的价值测试阶段,这时候男生给女生送礼,是一种价值展示方式。如果送礼的方式太正式、太隆重,会让女生感觉到很大的压力,甚至是惊吓,就好像收了礼物就必须答应男生的追求,这种感觉很不好。所以,这个阶段的送礼方式,要尽量随意一些,让收礼的人感觉轻松、自然、无压力。

当女生变调之后,也就是进入对男生的真心测试阶段,这时候男生给女生送礼,是一种态度展示方式。所以送礼要显得很认真、有仪式感,甚至制造惊喜,让女生感觉到男生的真心诚意。

大家要注意的是,跟女孩子初次接触,尤其是第一次约会,千万不要送太贵重的礼物。俗话说,无功不受禄。这很可能会让女生感觉,要么男生在讨好自己,要么男生很急迫,总之,这些想法都会引起女生对男生低价值的联想。

相亲

相亲和正常恋爱约会最大的不同在于,双方对对方的预期不确定,我们称为预期紊乱。比如,介绍人把对方吹上了天,建立了过高的预期;相亲有过太多失败的经历,对对方不抱有什么预期;孩子对父母有逆反心理,被逼着去相亲,对对方有负预期。正是因为预期的紊乱,相亲中才出现了各种各样妙趣横生的事情。

那相亲中应该怎么做呢?

情况一:如果不喜欢相亲对象。

既不要碍于介绍人的面子,就使劲跟对方套近乎,造成对方的误解,应该适当克制一下自己,避免让对方过多地触电;也不要毫不顾忌介绍人的面子,给对方出难题、甩脸色。这个时候就需要有一些控制力,把握好分寸,既不过度热情也不冷淡,就当认识了一个新的朋友。

情况二:如果喜欢相亲对象。

那就像正常的恋爱约会一样,展示姿态和价值,让对方触电。但是大家要记住,即使是相亲认识的,也要考虑对方的感受,不能操之过急。因为女生接受男生是有一个过程的,和正常的恋爱是一样的。不会因为是相亲认识的,就提前喜欢男生,就能提前确立关系。

有的亲人排斥相亲,甚至因为参加相亲看低自己。其实,只要用正确的姿态对待相亲,相亲也会获得很好的恋爱体验。所以说,参加相亲根本谈不上自己不行,处理不好相亲才是自己真的不行。我们以一颗平常心面对相亲,也许幸福就在眼前。

五
非正常目的

职业玩家

职业玩家就是打着谈恋爱的名义玩弄他人的感情和肉体,而且成为一种习惯。职业玩家本质上就是想要得到对方,又不想承担责任。她们要么通过对方的痛苦,得到精神上的满足,这种情况是因为她们不信任亲密关系,只能通过不断地征服异性获得存在感;要么通过对方的肉体,得到生理上的满足,这种情况是因为,她们不相信自己,只能通过沉溺于性爱,获得短暂的存在感。

常用语:我们只是玩儿玩儿、你不要太认真、我不想谈恋爱、我们不合适、我不能耽误你、我不想结婚、我对不起你、你可以找个更好的、我配不上你、我们没有未来、我是渣男、你忘了我吧、我要忙事业、我想一个人静静、我忘不掉前女友、我们八字不合、你给不了我要的、我给不了你要的、错的时间遇到了对的你。

职业玩家有哪些行为特征?

① 情感经验很丰富,说话很得体,技术很纯熟,能够快速吸引对方,甚至有点儿急迫。

② 不喜欢和对方规划未来,不会随便给对方承诺,不会让对方深入自己的生活。

③ 不管是感情上,还是肉体上征服了对方,一旦达到了目的,她们的态度前后反差比较大。

④ 分手很决绝,态度十分明确,有时候理由很敷衍,有时候理由很奇葩。

职业玩家的受害者一般会有哪些特征?

① 没有风险意识,喜欢捡便宜、撞大运,以为碰到了真爱。

② 没有足够的原则,侥幸心理比较严重,发现了对方的问题选择回避,不愿意承认。

找备胎

备胎就是给对方制造出一个幻觉,让对方老老实实等着自己。爱找备胎的人内心里比较自卑,一方面,可以通过养备胎满足自己脆弱的自尊心;另一方面,可以从备胎身上占点儿小便宜,或给自己留点儿后路。从心理上,爱养备胎的人也很容易成为别人的备胎。爱养备胎是一种心理习惯,对于爱养备胎的人不要抱有侥幸心理,不要觉得两个人好上了就安全了,这类人出轨概率比较高。

常用语:我们可以做朋友、我把你当成好朋友、我们这样挺好、我们还不够了解、我还没想好、对我好就行了、陪伴是最长情的告白、我不开心、其实你挺好的、有你在身边真好、你很有安全感、如果明年我们还单身就在一起、你要是怎么样我们就在一起、我很喜欢你但是我们还不能在一起、听话、乖、别闹、你就不能好好的吗、我和那个人只是朋友、我和我男朋友早晚分手、我和我男朋友只是凑合。

爱找备胎的人有哪些行为特征?

① 对男生忽冷忽热,没事儿不主动找男生,有需要才找,比如说,把男生当成情绪垃圾桶或免费义工。

② 不拒绝男生对自己的付出,所有的好处都欣然笑纳,还很享受被男生捧着的状态。

③ 一提到两个人的关系就采取回避的态度,从来不让男生亲密接触,也不给男生任何承诺。

④ 时不时地给男生一点儿希望,比如夸奖鼓励一下男生,或者男生长时间不联系她们,会主动打招呼戳一下男生。

容易成为备胎的人有哪些特征?

① 比较不自信,认为自己不值得被爱,竟然能容忍自己当备胎这件事。

② 习惯性讨好别人,投机心理也很严重,以为自己有一天能撞大运。

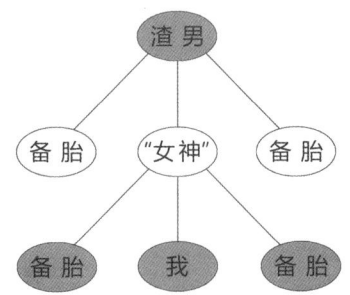

娱乐诈骗犯

娱乐诈骗犯就是打着谈恋爱的名义骗吃、骗喝、骗玩。这类人本质上就是把对方当成傻瓜，可以理解为对对方的人格侮辱。这类人的自尊心也比较低，不看重什么脸面、名誉、信誉，只要能占到便宜就可以了。所以，不要觉得对方是自己的好朋友，更不要抱有幻想，以为能得到对方，对方怎么会跟一个傻瓜谈恋爱呢？

常用语：你今天干嘛、吃了吗、你们在哪儿玩儿、最近好无聊呀、在家闲着没事儿干、陪我喝点儿、那家餐厅你去过吗、唱歌去不去、这是我哥、我哥对我可好了、我闺蜜也在、你不介意多一个人吧、带你认识认识我的闺蜜们、下次我们在单独约、下半场我们去哪儿玩儿、我们在哪儿吃饭你也过来吧、过来少喝几口吧。

娱乐诈骗犯有哪些行为特征？

① 但凡是跟吃喝玩有关的邀约都会去，甚至主动邀约男生，很多时候带着男女闺蜜。

② 吃喝玩乐的时候跟自己的朋友闺蜜聊得很开心，一点儿不拘束。

③ 当着朋友的面经常夸奖男生，给男生戴高帽，私下聊天的时候对男生很客气。

④ 两个人的关系长期没进展，从来不和男生谈感情，从来不让男生肢体接触。

娱乐诈骗犯的受害者有哪些特征？

① 一方面缺乏两性互动的经验，想努力地表现自己，打肿脸充胖子，好勇斗狠。

② 另一方面缺乏男人气概，比较被动，喜欢当陪衬、被安排。

交易员

交易员就是打着谈恋爱的名义挣钱。她们认为自己的时间、感情、肉体都是有价格的,自己所有的付出对方必须以等量的物质进行交换,她们认为这是双方各取所需。比如说,每个月得在我身上花多少钱,好多久一定得要个包、要个车、要个房等等。当她们感觉眼前的这个人已经无利可图的时候,她们就会果断地换另外一个人,因为自己的时间是有限的。这类人本质上已经不需要爱情了,金钱是她们生活下去的唯一动力,而且她们习惯性撒谎。

常用语:爱我就应该怎么怎么样、我闺蜜的老公怎么怎么样、我经济碰到了困难、我不管我就要、我觉得你不够爱我、我前男友给我买了什么什么、你是不是男人、你没有诚意、你对我不是真心的、你怎么这么小气、你给我买个啥我们就在一起、我看中了一个很贵的东西、(发个商品链接)你觉得这个东西怎么样、能不能借我点儿钱、我还差多少多少钱、这么小的红包。

交易员有哪些行为特征?

① 喜欢向男生诉苦、装可怜,说自己的压力有多大。

② 会跟男生直接提各种各样物质方面的要求;如果直接的不行就来间接的,比如,经常拿男生和自己的前男友、闺蜜老公做比较;如果间接的也不行,就和男生摊牌。

③ 她们会根据男生提供的物质,来决定对男生的态度冷热。

④ 当她们觉得男生无利可图的时候,分手的态度超级坚决。

交易员的受害者有哪些特征?

① 对女生既讨好、又急迫,试图通过收买得到感情。

② 吃亏心态也比较严重,发现对方有问题,没有勇气主动中断关系。

男	女
5000元	牵手
30000元	确立关系
钱给少了	有情绪
再给少	坚决分手

促销员

促销员就是打着谈恋爱的名义卖东西。有些女孩儿因为生活所迫，工作的时候采取一些投机取巧甚至违法的手段，利用女性的先天优势骗取男性的信任，借机销售自己的产品和服务，比如：酒托、饭托、卖理财产品、微商、传销等等。这种行为本质上就是一种非法的工作手段，和感情一丁点儿关系都没有，所以不要浪费时间。

常用语：我知道一个地方挺不错的、我在哪个酒吧等你、我想带你去哪里哪里消费、我给你推荐一个软件、你点开这个链接、给我捧个场、你想法是错的、你有没有诚意、人与人基本的信任都没有了吗、你这个人太多疑了、你别想太多、放心吧、不试试怎么知道呢、躺着就能挣钱、投入也不大、我帮你要了个名额、你不理财财不理你、帮我冲一下业绩。

促销员有哪些行为特征？

① 她们会表现得比正常的女生更热情、更主动，貌似很快喜欢上了男生。

② 不管聊什么话题,她们总会回到某个产品或者服务上,引起男生的好奇心。

③ 如果男生关注了她们提到的产品或服务,她们就会发出某种邀约。

④ 如果男生果断拒绝了她们的邀约,她们的态度自动转冷。

促销员的受害者有哪些特征?

① 小白思维,缺乏社会经验,没有风险防范意识,把事情想得太简单。

② 发现对方目的不纯仍然深陷其中,那就是投机心理非常严重,喜欢做各种各样的白日梦,喜欢骗自己所以容易被人骗。

第 6 章 亲密关系

亲密关系蕴藏着什么秘密？可以让我们获得更好的亲密关系体验。在亲密关系中，我们怎样做才能让关系更好、让爱情常青？争吵、冲突等如何处理才是真正有效的？失恋为什么让人痛苦？真爱又该如何挽回？

在本章中，你将彻底了解两性亲密关系的秘密，掌握亲密关系的经营方法，成为爱情和婚姻路上的赢家。

一

磨合：通往幸福的必经之路

什么是两性亲密关系

两性通过契约形成的一种固定合作关系。比如，男女朋友关系、夫妻关系、未婚同居关系等。所以，我们界定男女之间是否处于亲密关系，主要有两个判断标准：一是两人之间是有契约；二是两人的合作关系是否固定。

一夜情为什么不是亲密关系？因为，一夜情有短暂的契约，但没有形成固定的合作关系。

男闺蜜、女闺蜜为什么不是亲密关系？因为，男女之间虽然关系很固定，但是没有契约。

亲密关系是爱情的第一个社会规范。对爱情来说，社会规范就是影响爱情的社会因素，比如，父母之命、经济收入、社会传统等等。而亲密关系作为爱情的第一个社会规范，必然带来了责任义务、自我约束、沟通方式等各方面的要求。

亲密关系是实现爱情的最佳途径。两个人爱上了对方，只是一种内心的感觉，如果不建立亲密关系，就谈不上相处和交往。所以，建立亲密关系、享受亲密关系是实现爱情渴望的最佳途径。

磨合的意义

磨合就是两性在建立亲密关系初期，对奖品交换的方式达成共识。磨合的关键词是方式，要点是共识，简单说就是相互接受对方爱的方式，为长期亲密关系扫除障碍。

相 处 合 同

双方就以下事务达成共识：

1、男的交房租，

2、女的打扫卫生，

3、双方十一点前必须回家，

4、吵架当天必须合好，

……

我们说，两性关系的本质是奖品交换。男性为女性提供奖品，同样的，女性也为男性提供奖品，这构成了两性关系的基础。没有奖品交换的两性关系是不持久的。所以，一段两性关系要保持持久、稳定、快乐，必须以两个人需求的相互满足为基础，这是构建幸福生活的基石。满足什么呢？满足各自对奖品性的需求——可控性、愉悦、关心、解决问题、性生活、面子、花钱。我们所说的幸福就是人在两性关系中持续获得满足感，大家可以理解为奖品交换成立了。

两个人性别不同、成长经历不同、爱的程度不同，要想在两性关系中持续给予对方满足感，持续获得满足感，就必须在奖品交换的方式上达成共识。奖品交换的方式包括：自己以什么方式爱对方，对方以什么方式爱自己，两人以什么方式去享受生活、追求快乐、解决矛盾等等。关键词是方式，要点是共识，简单说就是相互接受对方爱的方式。比如，男生点菜还是女生点菜，工作太忙要不要约会，发现对方的缺点如何沟通等等，这些方式决定了两个人的奖品交换能不能成立，能不能享受幸福。如果在磨合期,这些方式能达成共识,两个人在亲密关系中就会更稳定,更幸福。如果不能达成共识,要么在磨合期就分手了,要么在亲密关系中出现大量的矛盾。

献身度的差异

献身度就是一个人在亲密关系中的投入程度,包括时间、经济、肉体、情绪、社会资源等等。两个人的献身度一定是有差异的,造成差异的原因有很多,可能是谁爱谁更多一点、谁的责任感更强一点、谁的自我要求更高一点等等。两个人献身度的不同,会带来各自在亲密关系中投入方式的不同,比如说,有的人是全身心地投入,有的人是有所保留,有的人是逃避付出。这就需要磨合,需要达成共识,否则亲密关系难以稳定和平衡,甚至破裂。

例:

男生每天给女生早中晚各问一次安,女生每天给男生只有晚安。这种状况长期维系,要么男生感觉自己被忽略,要么女生感觉压力太大,必须有一个解决方案才能让亲密关系稳定。

两人工作都很忙,男生觉得一周约会一次也挺好,女生觉得应该克服困难,天天见面。这种分歧不达成共识,也是未来矛盾的种子。

献身度的差异在两性关系中是普遍存在的,也是双方都能感觉到的。在磨合期这么短的时间,献身度的差异是很难解决的,问题的关键,是两个人在相处的方式上达成共识。

情况一:当感觉自己的献身度比对方高的时候。

不要去犯的一个错误姿态就是计较。只要对方初心是好的,不要太计较对方的投入是否达到自己的要求,从而给对方制造各种压力,比如,撒娇、示弱给对方提太多的要求,吵架、冷战和对方情绪对抗。也就是说,不要刻意要求对方和自己投入一样多。只要摒弃了计较的心态和方式,做真实的自己,关注对方的感受,就不会产生矛盾。

情况二:当感觉对方的献身度比自己高的时候。

不要去犯的一个错误姿态就是逃避。当对方对自己热情付出时,应该关注对方的感受,做出比对方更积极的回应,给别人存在感。如果把对方的付出看做理所应当,就会给对方日积月累哪怕是很小的失望和怨气,给今后的矛盾埋下种子。

限制条件

客观条件不允许就叫限制条件。人在恋爱初期,各种美好和激情充斥着大脑,往往会忽略很多问题。两个人进入亲密关系之后,一个人的生活变成了两个人的生活。同样的,一个人的问题变成了两个人的问题,甚至以前不太在意的问题,变成了必须正视的问题。比如说,以前工作很忙,现在必须在工作和恋爱之间合理安排时间;以前一个人吃饱全家不饿,现在必须留一些钱约会旅游;以前衣着打扮邋遢点儿也无所谓,现在必须考虑对方的感受,管理好自己的形象。那么问题来了,很多客观条件在短期内是不可改变的,当这些客观条件限制了我们对恋爱的安排和体验的时候,如何在这些限制条件上达成共识呢?这也是磨合期需要磨合的问题。

情况一:当限制条件来自对方,影响了两个人的恋爱。

比如说,对方工作太忙、对方懂得不够多、对方会得不够多、生活习惯和自己不符、三观不一致等等。首先,不要跟对方计较,因为这些限制条件已经是客观事实了,通过责怪、抱怨、争吵也不可能改变它,过多的计较只会为关系破裂埋下种子。其次,不要逃避问题,好好问一问自己,长远来看是否能接受对方的限制条件,如果能,就慢慢适应情况。如果不能接受这些限制条件,那就在相处初期明确地告诉对方自己的态度,对关系做出决断。

情况二:当限制条件来自自己,影响了两个人的恋爱。

比如说,自己工作太忙、自己挣得不够多、自己懂得不够多、自己会得不够多、自己不是高富帅、自己没车没房等等。首先,不要逃避问题,逃避只会让对方一次次失望。有问题不重要,重要的是自己是否敢承认,是否愿意改变。其次,有些问题通过努力是可以解决的,自己要拿出解决问题的决心和行动。在这样的正确姿态下,很多矛盾就迎刃而解了。

信任

磨合就是两性在亲密关系初期,对奖品交换的方式达成共识——自己以什么方式爱对方,对方以什么方式爱自己,两人以什么方式去享受生活、追求快乐、解决矛盾等等。而信任是亲密关系成立的第一要素。没有彼此的信任,就不能打开内心接受对方,也就谈不上亲密关系。在磨合期,两个人建立进一步的信任,可以让亲密关系快速走出磨合期,进入一个更稳定的阶段。

首先,我们要认识到,信任不是要来的,而是自己赢得的。比如,男生想让女生相信他某次约会不会迟到,不是拿嘴说,我保证不会迟到,而是这个男生平时确实很少迟到。

其次,我们要认识到,信任不是一时的谁对谁好的问题,而是一种感觉的长期累加。比如,两个人相处了一周,男生对女生很体贴,女生就信任男生了吗?未必。但是男生一如既往地体贴女生,女生一定是越来越信任男生的。

建立信任是一个逐步打开内心、接受彼此的过程。在亲密关系中，分享、分担、改变能让人更快地建立信任。

分享：与对方分享美好的东西。比如，快乐、财富、智慧、资源、社会关系、美食、音乐、见闻等等。

例：两个人相处之后，男生带女朋友把自己的好朋友、好同事、亲戚、父母都见了一个遍，女生感觉男生对自己是真心的。

分担：与对方分担责任和义务。比如，烦恼、家务、问题、挑战、生活支出、家庭责任等等。

例：女生的母亲生病了，男生陪女生一起在医院熬夜，忙前忙后，女生觉得男生是值得托付的。

改变：愿意为对方做出改变。比如，生活习惯、语言习惯、思维方式、衣着打扮、增加爱好等等。

例：男生喜欢美食，女生不会做饭，但是女生从网上下载了很多菜谱，用三个月的时间变成了一个烹调高手，男生对女生刮目相看。

二
保鲜：平凡生活的触电法则

为什么需要保鲜

在亲密关系中，两个人在一起久了，会逐渐失去新鲜感，就是俗称的审美疲劳。从爱情的角度来说，其实是爱情中的电量下降了。看到对方也不那么兴奋了，说话也不那么热情了，也不那么容易被感动了，好像一切都趋于平淡了。很多人认为，平平淡淡才是真，这才是真正的生活。这样想是没错的，但这个不能成为不作为的借口。如果任由日子冷淡下去，相当于放弃了爱情的美好体验，天长日久还容易产生大量矛盾。也就是说，当我们处于亲密关系中，一定要给爱情保鲜。

我们先要了解，在亲密关系中爱情的电量是如何下降的？

因素一：爱情电量和激素息息相关，时间久了激素自然会下降，我们称为自然漏电。

因素二：相处时间久了，各自的缺点暴露出来，难免会让对方漏电，我们称为人工漏电。

因素三：两个人熟了，什么仪式感、好奇心、性期待全都省了，态度也没以前那么积极了，互动也没有以前那么激情了，我们称为充电不足。

所以，要给爱情保鲜，关键在于因素三，要有意识地给两个人充电，尽量让两个人保持电量充足的状态，享受亲密关系给人带来的快乐和满足，这才是爱情给我们的真正回报。

保持仪式感

很多人在一起久了，最容易忽视的就是相处的仪式感。什么叫仪式感？仪式感就是形式大过内容。比如说，餐桌上搁两支蜡烛，我们需要蜡烛照明吗？不需要。但是有了蜡烛，晚餐显得很浪漫。再比如说，浴缸里撒几片花瓣，我们需要花瓣搓澡吗？不需要。但有了花瓣，搓澡显得很浪漫。所以说，大家可以吧仪式感理解为，通过某些特定的形式，让此时、此刻、此景显得很重要。这是爱情的必要元素，没有意识感，怎么表现自己很爱对方呢？怎么表达自己的重视呢？怎么相互刷存在感呢？所以，不论两个人相处多久，要不时地保持仪式感，让自己和对方时而感受到有价值、被重视、被需要。

那如何才能保持仪式感呢？

一个人愿不愿意让生活保持仪式感，深层的原因在于自己的认知。有一类人认为，生活很艰难，能凑合过就不错了，怎么省事儿怎么来。还有一类人认为，生活得有点儿追求，得有点儿形式。很多人之所以不愿意去创造仪式感，是因为他们属于第一类人。这类人在追求女生的时候也会请客、吃饭、送礼、对天发誓等等，一旦达到目的，他们会快速进入一种节能模式，怎么省事儿怎么来。

小题大做：把一件很平常的事情变得很隆重，让对方感觉自己受到重视。

例：女生出差归来，男生换了一身帅气的衣服，理了发、洗了车，买了一大束玫瑰去机场接她,带她去一直向往的一家饭店,吃烛光晚餐。

无中生有:发挥创意,不论大小,多给对方创造意外、创造惊喜。

例:男生在测试新买的打印机,女生去打印机旁凑热闹,男生快速地从网上下载了一张心形图片,并且写上了我爱你。女生看着打印机里缓缓送出的 A4 纸,激动地亲了男生一口。

特事特办:有些重要的日子、重要的事情,应该充分重视、特殊对待,甚至超出对方预期。

例:情人节到了,女生把恋爱中的 100 条小事放在了许愿瓶中,送给了男生,男生看得热泪盈眶。

保持好奇心

生活最可怕的就是一成不变,这会让人麻木和消沉。对亲密关系来说,一成不变的生活就像一盆无形的冷水,扑灭生活的热情。我们只有不停地给生活注入新的元素,才能让彼此保持热情,两个人的爱情才能保持活力。我们说,男人是两性关系的引领者,是主动的一方,女人是被引领者,是被动的一方。所以,男生应该保持对生活的好奇心,带领女生去探索生活的边界,去体验新鲜的事物,去发现身边的美好,让两个人的生活多姿多彩,让两个人的关系保持热度。

那如何才能保持好奇心呢?

首先,生活和生命的轨迹不要整天围绕着生存、安全、繁衍这三大动物本能运转,这会让自己急功近利,让自己变得很焦虑,根本就谈不上对生活有好奇心。其次,试着从平凡的生活中创造更多的体验,体会更多的乐趣。

体验生活中的小美好:主动去感受生活的变化,寻找新的兴奋点。当你发现平凡的生活其实也可以精彩不断的时候,你就会有越来越多的好奇心。

例:最近电影出什么新片儿了、楼下的水果店来了什么新品种、小区门口又开了家新的餐厅、家里的猫最近有点儿忧郁、最近有个什么 APP 很流行、去游乐场试试新项目。

给生活布置一些小任务:通过布置任务,让两个人进入某些新的领域,给生活增加色彩。

例:春节去西双版纳旅游、买一套专业茶具逼着自己学会茶艺、学会一道菜的新做法、重新安排一下卧室的布局、给狗做一个新的造型、一起学游泳。

两个人交流话题要广阔:两个人在一起除了柴米油盐、吃喝拉撒,可以天南海北、谈天说地,分享各自的见闻。

例:聊聊各自的工作、聊聊各自的爱好、聊聊各自的梦想、分享日常的趣事、分享自己的专业知识、分享自己的独到见解。

保持性期待

两个人相处久了,对对方的性期待会下降。想起对方时,自己没有谈恋爱时那么激动了,亲密行为的时候也没有以前那么兴奋了。很多人认为,拥有的东西自然会不珍惜,相处久了兴趣自然会降低,这样去解释性期待未免流于表面。性期待的下降跟相处久了有没有关系呢?有!但这不是根本原因。根本原因是,对某个人的性期待是需要邀请、挑战欲、新鲜感等多种因素刺激,才能保持在比较高的水平的。然而,很多人在亲密关系中,往往把这些关键因素给忽略了,客观上造成了性期待的下降,还得出了亲密关系会抑制性期待的结论。所以,在亲密关系中为了保持性期待,我们要考虑的重点是,如何不断创造邀请、挑战欲、新鲜感等关键因素,不断刺激双方的性期待。

那如何才能保持性期待呢?

调情:很多人认为熟了讲话就要直来直去,错!只要是两性相处,调情永远是不可或缺的。调情就是男女之间相互调侃和挑逗,在潜意识中制造性期待。调情在本质上是对对方发出各种各样的性邀请和性暗示。

例:男生在看电视,女朋友在拖地,挡住了电视。男生说:往左边一点,不要用你丰满的身体挡住我对艺术的追求。

自我要求:很多人认为熟了就可以忽略对方感受,错!自我要求就是对自身的性魅力一直有所要求,并且付诸行动,比如,健身、化妆、衣着搭配、美容、整容等等。让自己保持在一个比较有性魅力的状态,会刺激对方的挑战欲。

例:男生找了个爱健身的女朋友,有一天男生跟女朋友去了趟健身房,男生发现周围的肌肉男都对自己投来了羡慕的眼光,男生感觉自己的女朋友更有魅力了。

尝试新鲜事物:很多人认为熟了就不需要改变,错!熟了也要改变。在两个人的暧昧互动中、亲密行为中,多制造一些新鲜感,比如,新的环境、新的玩具、新的衣服、新的动作等等。既增加了联想,又丰富了体验。

例:两个人去海岛旅游,深夜时分,两个人点着蜡烛、喝着红酒、听着窗外的海浪声,感受到了前所未有的浪漫。

希望

希望就是未来会更好。对于亲密关系来说,希望是最好的爱情保鲜剂。我们说，两性关系的本质是奖品交换。男性为女性提供奖品，同样的，女性也为男性提供奖品，这构成了两性关系的基础。没有奖品交换的两性关系是不持久的。有希望的生活，意味着我们可以得到越来越多的奖品——可控性、愉悦我、关心我、为我解决问题、性生活满足我、有面子、为我花钱，意味着可以获得越来越多的满足感，也就是我们说的幸福。

作为男生，我们给对方传达了什么信息，才能让对方感觉到生活充满希望呢？

（1）有目标。目标指的是，我们俩在一起，生活一定会改变的——我会越来越好，感情会越来越好，生活条件会越来越好，人生会越来越美好。

例：女朋友跟男生热情洋溢地畅想两个人的未来，男生总是表现得不耐烦，女朋友心凉透了。

（在这个案例中，女朋友心凉是因为看不到未来，男生的行为给女生传达的信息就是，我们俩在一起没有目标。）

（2）有态度。态度指的是，关于上述目标，我有决心、有能力、有行动和你一起实现。没有耕耘哪来的收获，没有付出哪来的回报，有困难、有干扰、有分歧都不怕。

例：男生的父母反对两个人在一起，但是男生态度坚定地选择了女生。

（在这个案例中，男生的态度让女生看到了爱情的希望。）

有希望的生活，会让人有激情、有动力、充满正能量。反之，没有希望的生活，会让人焦虑、恐惧，一天天腐蚀亲密关系，最后让关系解体。做一个能给对方希望的人，对亲密关系非常重要。亲密关系的太多甜蜜，来自希望；亲密关系的太多矛盾，来自没有希望。

三
矛盾：如何避免持续漏电

矛盾的处理原则

在亲密关系中，人们的奖品预期得不到满足，就会产生矛盾。矛盾是人和人相处的必需品，没有矛盾，亲密关系是不成立的。有没有哪段亲密关系的奖品预期全部得到满足呢？没有。也就是说，世界上不存在没有矛盾的亲密关系。比如，两个人形成亲密关系的前提，默认解决的一个重要矛盾就是，我们俩今后都不能找别人了；两个人在亲密关系中，针对每件事儿谁说了算，也需要解决各种各样的矛盾。所以，我们在亲密关系中，有矛盾不重要，重要的是如何看待矛盾、解决矛盾。

我们通常会把矛盾理解为两个人产生直接冲突。其实，冲突只是矛盾的一种表现形式。不是因为有冲突了才有矛盾，而是先有了矛盾，才产生了冲突。在亲密关系中，人们得不到满足，就会产生矛盾，而矛盾的展现形式是因人而异、多种多样的。

主动冲突：以直接对抗的形式来展现矛盾，冲突很明显。比如，热暴力、冷暴力、争吵、指责、要挟、划清界限、分手、离婚等等。

被动冲突：以间接对抗的形式来展现矛盾，有冲突，但是不明显。比如，使眼色、皱眉、叹气、调侃、耍赖、撒娇等等。

被动博弈：以理性沟通的形式来展现矛盾，不表达态度。比如，讲道理、讨论问题、表达感受等等。

主动博弈：以主动示好的形式来展现矛盾，态度很积极。比如，献媚、无事献殷勤、诱惑、过度的赞美、过度的容忍、表示理解等等。

例：

女生反感男生抽烟。

主动冲突：别抽了，你就不会考虑一下别人吗？

被动冲突：真好，家里的雾霾比外边还重。

被动博弈：抽烟对身体不好。

主动博弈：送老公一包口香糖，说，老公，这个也很带劲儿的。

我们说，有矛盾不重要，重要的是如何看待矛盾、解决矛盾。通过上面的例子，我们会发现，矛盾的展现形式和处理方式在很大程度上影响着矛盾的结果。具体来说，在亲密关系中，不论是表现自己的不满，还是处理矛盾，如果朝着主动冲突和被动冲突的方向发展，就会激化矛盾、积累不满，关系就会越来越糟，甚至破裂，我们称这种导向冲突的矛盾处理方式为负循环的模式；如果朝着主动博弈和被动博弈的方向发展，就会化解矛盾、减少不满，关系就会越来越融洽，我们称这种导向合作的矛盾处理方式为正循环的模式。

价值矛盾

在两性关系中，价值是奖品成立的前提。正是因为对方有某些价值，我们才会选择对方。但是进入亲密关系之后，我们会发现对方的某些价值达不到自己的预期，就会产生矛盾。那哪些算是因为价值产生的矛盾呢？比如，对方不够有钱、不够好看、不会做事、恶习太多、见识太少、不懂交际、不够体面、不够聪明、不够勇敢、不够上进、不够有担当等等，因为对方价值不够产生的矛盾，我们称为价值矛盾。

既然是自己选定的人，为什么会觉得对方价值不够呢？

一方面是由于两个人认识初期，信息不对称，难免对对方的价值产生错误判断。但是最主要的原因是来自奖品性的日出效应。什么样的客观条件，激发什么样的奖品性需求，我们称之为奖品性的日出效应。在吸引阶段，我们往往会因为对方的几项优点选择了对方，忽略了自己的其他需求。但是人在本质上是什么都需要的，人的最底层需求是一样完整的——可控性、愉悦我、关心我、为我解决问题、性生活满足我、有面子、为我花钱。阳光照到哪里，哪里看见了风景；阳光照不到的地方，不代表没有风景，只是它们还没有显现出来。生活是面面俱到的，但人不可能面面俱到，当我们面对具体问题的时候，难免会对对方的价值感到不满意，矛盾就开始孕育了。

价值矛盾产生的表现：反复告诉、指责、挖苦对方有缺点；反复表达、申诉自己有需求；对对方的态度高高在上，跟对方说话爱答不理；不太关心对方；主动逃避家务；不容易感动；喜欢给对方找碴；极少夸奖对方；不拒绝异性的撩骚，生活中老是盯着别的异性看。

不论是因为自己还是因为对方出现了价值矛盾，解决矛盾的关键在于处理方式，到底用负循环的模式还是用正循环的模式。我们来看一个例子：

女：你长得有点丑。

主动冲突：找到我，你就烧高香吧。

被动冲突：那你喜欢什么样的？

被动博弈：自从我18岁被拖拉机撞了，一直没恢复过来。

主动博弈：没有牛粪，鲜花怎么盛开。

在这个案例中，女生指出了男生长相的缺点，也许出于调侃的心理，也许出于情绪的宣泄。如果男生跟女生直接情绪对抗、选择冲突模式，就会给双方带来负面情绪；如果男生选择和女生博弈，就会在很大程度上化解尴尬气氛，避免负面情绪的产生。与此同时，男生处理问题的姿态和智慧，也会让女生高看男生，接受男生的不足；冲突只会在女生心目中放大男生的缺点和不足。

可控矛盾

在两性关系中，光有价值没有可控性是不能成为对方的奖品的。进入亲密关系之后，考察对方的可控性成了永恒的主题。是不是真心喜欢我？是不是只喜欢我一个？会不会一直喜欢我？我在对方心里有多重要？这些问题随着时间的推移，在双方的心里变得越来越重要，也很容易成为矛盾的导火索。因为可控性问题引发的矛盾，我们称为可控矛盾。

那可控矛盾是由哪些因素引发的呢？或者说，哪些因素让两个人变得不信任。

态度变化：相处久了，态度难免变化，怀疑也就产生了。比如，没有以前热情、性生活频率降低、说话不够尊重、经常意见不合、各种挑剔和不满、态度不够专注、不尊重对方父母等等。

例：相处的第二年，男生把女生的生日给忘了，女生感觉男生不够爱自己了。

同性竞争：同性竞争无时不在、无处不在，因为同性竞争的压力，怀疑也就产生了。比如，出现了情敌、出轨、双方价值过于不对等、和别人暧昧、关注别的异性等等。

例：老婆听说老公招了一个漂亮的女下属，于是找了个借口，去老公的公司转了一圈。

自身因素：因为自身的各种原因，对对方产生怀疑。比如，习惯性地怀疑自己怀疑他人、父母朋友反对、接受了错误认知、误解了对方等等。

例：闺蜜告诉女生，有的男生会用两个微信，女生于是情不自禁地想翻男朋友的手机。

可控矛盾产生的表现：查岗、翻手机、四处打听；针对异性问长问短、旁敲侧击、含沙射影；吃醋、愤怒、无理取闹、没事找事；态度卑微讨好；测试、质问、警告对方；抑郁、焦虑、自闭、生闷气；喜欢找别人诉苦；突然开始打扮自己；等等。

不论是因为自己还是因为对方出现了可控矛盾，解决矛盾的关键仍然在于处理方式，到底用负循环的模式还是用正循环的模式。我们来看一个例子：

女：刚才给你打电话的女人是谁？

主动冲突：没谁，怎么了？

被动冲突：公司的同事，怎么了？

被动博弈：一个女同事。

主动博弈：一个颜值只有你50％的女同事。

在这个案例中，女生在质问和试探男生。如果男生直接选择情绪对抗和冲突，既给大家带来了负面情绪，又增加了女生的疑虑。如果男生选择和女生博弈，既避免了负面情绪的产生，也能增加女生的信任。所以，选择负循环还是正循环的矛盾处理方式，对于化解可控矛盾，起到了决定性作用。

基调

世界上任何两个人建立亲密关系,价值是不可能完全对等的。这种不对等,导致了我们建立亲密关系的那一刻,博弈出一系列结果。是男生更爱女生呢,还是女生更爱男生呢?是男生更优秀一些呢,还是女生更优秀一些呢?是男生更主动一些呢,还是女生更主动一些呢?是男生更自信一些呢,还是女生更自信一些呢?针对以上问题,两人之间就得出一个无形的结论——谁更有价值。在亲密关系中,价值高的一方,会本能地对价值低的一方提出价值诉求,也就是说,价值高的一方,天生带有价值矛盾的心态;价值低的一方,会本能地对价值高的一方提出可控性诉求,也就是说,价值低的一方,天生带有可控矛盾的心态。这一对矛盾是同时存在的,一方有价值矛盾,另一方必有可控矛盾,这构成了亲密关系的基调。

例:

一个缺点很多的男生跟一个很优秀的女生成为情侣。时间久了,女生很可能会对男生的缺点表达不满,男生却经常担心女生跟自己分手。

猪八戒和嫦娥不幸成为了情侣,从他们在一起的那一刻,嫦娥就在想,再帅一点儿就好了,再帅一点儿就好了;猪八戒却天天在想,会不会甩了我,会不会甩了我。

这个基调随之形成了亲密关系中分工、合作、矛盾处理的基本原则。比如,谁承担更多的家务;谁承担更多的经济;两人吵架谁先哄谁;谁负责查岗;谁负责汇报;等等。当我们认识到这个基调的存在,很多矛盾是可以避免、也可以化解的。简单说,就是要有同理心,要知道此时此刻,关于亲密关系,对方的最大诉求是什么,是希望自己提供更多的价值,还是希望自己提供更多的可控性。也要知道此时此刻,对方心里最大的矛盾是什么,是纠结我的价值不够,还是纠结我的可控性不够。当我们有这种基本意识的时候,如何避免冲突,如何处理矛盾,问题的重点和相处的方法就一目了然了。

例:

男生是帅哥,女生长得一般,女生对同性竞争尤其敏感。两人去逛街的时候,男生应该尽量避免乱瞟别的女生,因为,女朋友随时可能因为这个生气。

猪八戒和嫦娥在一起,嫦娥一定不是图猪八戒的长相,如果猪八戒不努力提供点儿关心、体贴、智慧,嫦娥又怎么能满足呢。

道理其实很简单,关键是要有同理心,多想想别人此刻是怎么想的,很多矛盾就迎刃而解了。

四
分手：价值分手与可控分手

局面控制

分手就是两个人解除了亲密关系的契约。分手必然是由矛盾引发的，矛盾不外乎价值矛盾和可控矛盾。有的人因为对方价值不够，选择了分手，我们称为价值分手。有的人因为对方可控性不够，伤心失望，选择了分手，我们称为可控分手。价值分手和可控分手看起来是两种完全不同的分手原因，却有着共同的本质——价值高的人质疑了亲密关系，是所有分手的源头。

价值分手：价值高的一方在亲密关系中找不到满足感了，从质疑对方的价值，到质疑双方的关系，最后主动做出分手的决定。

可控分手：价值高的一方在亲密关系中找不到满足感了，开始质疑对方的价值和亲密关系，对对方越来越冷淡、越来越不专注，甚至精神出轨、肉体出轨。价值低的一方感觉价值高的一方可控性在丧失，于是感到伤心失望，失望累积到绝望的程度，价值低的一方主动提出了分手。

通过分析可以知道，价值高的一方掌握着关系的主动权，他们的想法做法影响着亲密关系的走向，也就是说，价值高的一方控制着局面。具体来说,两个人冲突之后,价值高的人态度是否积极,决定了两个人最终走向和好还是分手。

例:

猪八戒和嫦娥吵架了,原因是猪八戒和前女友见了个面。嫦娥本来就有点儿嫌弃猪八戒,这么一闹,嫦娥就更没有相处下去的动力了,于是,不管猪八戒怎么劝说,嫦娥还是坚定地选择了分手。

猪八戒和嫦娥又吵架了,原因是嫦娥和前男友见了个面。嫦娥主动地向猪八戒承认了错误,并且保证以后不会再犯。猪八戒心想,要找到嫦娥这样的仙女也不容易。于是,猪八戒耳根子一软,他们俩就和好了。

世界上任何两个人建立亲密关系,价值是不可能完全对等的。在一段亲密关系中,我们有可能是价值高的一方,也有可能是价值低的一方。当我们了解了分手的基本原理,就找到了问题的根源,可以化被动为主动。不论是寻求和好,还是选择分手,都能够妥善处理。

价值分手

有的人因为对方价值不够,选择了分手,我们称为价值分手。简单来说,就是价值高的一方嫌弃了价值低的一方,主动要求分手。那么问题来了,为什么一开始的时候,价值高的一方不嫌弃价值低的一方,同意开启一段爱情呢?因为爱情的核心,不在于谁价值高谁价值低,而是双方在爱情中找到了存在感——我有价值、我很重要、我被需要。所以,爱上一个人,是因为她让自己找到了存在感,而不是她的价值比自己高或者比自己低。但是,相处时间久了,如果价值低的一方让价值高的一方找不到当初那种存在感了,甚至产生了强烈的自我否定,那么价值高的一方就想抽离这段关系,主动提出分手。

例：

两个人一开始都很爱对方,男的收入一般,但是两个人很幸福。后来女生换了一份工作,身边的同事爱慕虚荣、相互攀比,都想找有钱人做男朋友。女生想起自己的男朋友,感到一阵阵失落。后来有一个成功人士追求女生,女生就动摇了,想跟男朋友分手。

人都是不完美的,当我们在亲密关系中质疑对方的价值,或者被对方质疑价值的时候,该怎么办呢?

情况一:当对方嫌弃自己或者自己嫌弃对方的时候,证明这段关系已经给双方带来了自我否定,已经违背了爱情的初衷,那就分手吧,避免给双方造成进一步的自我否定。

情况二:当对对方的某些缺点有意见,还没有上升到嫌弃人的程度,应该就事论事,不要把缺点上升到人格、品格的高度,给对方传达错误的信息,让矛盾激化,导致无谓的分手,错过了人生的幸福。

例:

女生的公司要举办聚会,邀请家属一起参加,但是女生的男朋友形象不够好。

情况一:女生嫌弃男生。如果女生因为男生的形象问题,已经上升到了嫌弃这个人的程度,女生很可能公司聚会就自己去了,不邀请自己的男朋友。

(在这样的情况下,这种亲密关系已经造成了双方的自我否定,而且趋势难以逆转,这样的关系维系下去,只会给双方带来更多的不满和伤害,其实是没有意义的。)

情况二:女生对男生的形象略有意见。如果女生只是单纯地觉得男生形象不够好,她可能会精心打扮一下自己的男朋友,邀请男朋友一起参加公司聚会。

（在这样的情况下，男生形象不够好，不构成女生对男生的否定，所以男生也不要纠结于女生的要求，不要和女生闹情绪、闹矛盾，应该主动地提升自己，增加女生的满足感。）

可控分手

有的人因为对方可控性不够，伤心失望，选择了分手，我们称为可控分手。价值高的一方在亲密关系中找不到满足感了，开始质疑对方的价值和亲密关系，对对方越来越冷淡、越来越不专注，甚至精神出轨、肉体出轨。价值低的一方感觉价值高的一方可控性在丧失，于是感到伤心失望，失望累积到绝望的程度，价值低的一方主动提出了分手。

价值高的一方制造了哪些情形，让价值低的一方难以忍受，提出了可控分手呢？

主动冲突：打骂、吹毛求疵、冷嘲热讽、甩脸色、爱答不理、逃避交流、划清界限（经济、生活空间、生活用品、交际圈等）。

例：

男生总是对女生很苛刻，揪着一些小问题不放，女生忍无可忍，于是和男生分手了。

男生和女生吵架了，男生打了女生，女生伤心失望，于是和男生分手了。

女生想跟男生回家见见男生的父母，男生就是不同意，于是和男生分手了。

被动冲突：出轨、隐瞒、撒谎、敷衍、逃避义务（不做家务、不管生活费、不解决问题等）、不发生性生活、背后说坏话。

例：

男生和女同事搞暧昧，被女朋友发现了，女朋友很生气，于是和男生分手了。

男生发朋友圈，设置为女朋友不可见，被女朋友发现了，于是和男生分手了。

女生的母亲住院了，男朋友一次都没去看，让女生很失望，于是和男朋友分手了。

如何看待可控分手这件事呢？

情况一：女生嫌弃男生，而且给男生制造了很多矛盾冲突。这时候，男生应该知道，女生已经对亲密关系产生了很大的质疑，这段关系一定会给双方带来更多的自我否定，已经违背了爱情的初衷。男生就主动提出分手吧，给女生铺个台阶，避免给双方造成进一步的自我否定。

情况二：男生嫌弃女生，尽量不要制造那么多的矛盾冲突去折磨对方，最后互相折磨。坦诚地告诉女生自己的想法，如果想法不可调和，那男生就主动提出分手吧，让自己和对方都有机会去寻找真正的幸福。

情绪依赖

爱情的本质，就是人通过两性关系寻求自我肯定，获得存在感，让人生更圆满。

分手的本质，就是人在亲密关系中已经自我否定，找不到存在感，要求停止关系。

既然分手是一种停止自我否定的方式，但是为什么很多人在分手之后，不论是价值高的一方，还是价值低的一方，都会很痛苦呢？这是因为在任何一段亲密关系中，双方都进行了投资——肉体、时间、经济、情绪等。而这些投资中,情绪的投资是最让人难以割舍的。

在亲密关系中,情绪对爱情有着决定性的影响。那些心动的瞬间、日夜的思念、陪伴的甜蜜、美好的回忆等等,让我们感受到了兴奋、愉悦、安全、满足,体验到强烈的自我肯定——我有价值、我很重要、我被需要。这些情绪都逐渐储存到我们的潜意识中,最终产生了潜意识中的情绪依赖。所以,人们在分手以后,失去了这些情绪体验,之前的情绪依赖再也得不到满足了,就会产生一种强烈的失去感,从而感到痛苦。本质上,痛苦来源于对生命的不解,当我们了解了痛苦的真相,就能把痛苦转化成人生的动力。

在短暂的人生当中,能够获得亲密关系情绪体验的次数其实是不多的。也许我们没有认真地去想过这个问题,但我们的潜意识却能够清晰地意识到——这样的情绪体验,结束一次就少了一次,我的人生又走完了一个刻度。这种生命的悲情,是存在于每个人内心里的。因为,对每个人而言,没有注入情感体验的时间,只是钟表上的一个刻度,是不能让我们拥有真正意义上的生命体验的。只有注入了情感体验的时间,才会让我们感受到时间在流逝、人生有价值、生命有意义。所以,在分手的那一刻,我们产生的各种各样的想法,比如,我和她再也回不到过去了,那些经历和回忆再也回不来了,我再也不会这么投入了,我再也不会这么幸福了,我再也不会这么傻了……所有的再也不会,都在提醒着我们,时间走了,生命又结束了一程。这就是分手给我们带来的最深层的痛苦。

当我们处在亲密关系中,那种复杂的情绪体验,不论是快乐还是痛苦,会让人活得很真切。一旦从这种丰富的情绪体验中抽离出来了,感觉生命又黯淡了下去,甜蜜没有了、温暖没有了、牵挂没有了、满足没有了、连争吵都没有了,仿佛生命又回到了空白状态。分手之后,为了摆脱情绪依赖带来的痛苦，人会本能地寻求解脱，比如，通过喝酒、暴饮暴食、自残、找人倾诉来宣泄情绪，通过拼命工作、兴趣爱好、找新的对象来转移注意力，通过挽回对方、报复对方来情绪溯源。

生命的价值在于我们拥有丰富的情感体验，当我决定真正地体验人生，我就开始确定了。我不确定最后是否能够成功，我确定的是，在此时此刻——

我听见了内心的声音；

我珍惜了每一个缘分；

我付出了真心和努力；

我战胜了恐惧和压抑；

我发现了生命的价值；

我肯定了自己；

我不用确定，最后是否能够成功。

五
挽回：价值挽回与可控挽回

关系评估

分手之后，很多人会陷入悲伤的情绪无法自拔。比如，思念、悔恨、愤怒、焦虑、抑郁等各种各样的消极情绪涌上心头，让人很痛苦。为了摆脱痛苦，人会本能地寻求解脱，比如，通过喝酒、暴饮暴食、自残、找人倾诉来宣泄情绪，通过拼命工作、兴趣爱好、找新的对象来转移注意力，甚至通过报复对方来平衡心理。在这个过程中，其中有一部分亲人会大量反思自己，并对之前的关系进行评估，进而得出某一类结论——是我自己没做好；我对不起她；再也找不到像她这么好的了；虽然她有缺点，毕竟在一起那么久了，要找个她这样的也不容易。得出这一类结论的亲人，就很可能去挽回对方，或者被对方挽回。

我们说，爱情的本质，就是人通过两性关系寻求自我肯定，获得存在感，让人生更圆满。爱与被爱意味着有人需要自己，意味着自己找到了存在感。分手之后，与其说我们在怀念对方，不如说我们在怀念亲密关系曾经带给我们的存在感——我有价值、我很重要、我被需要。当我们理解了这一点，很多问题也就迎刃而解了。对方值不值得挽回？该怎么挽回？

能不能挽回?把这些问题围绕着存在感去思考,就会有一个相对明确的方向,少一些纠结,少一些迷茫。

两个人经历了相识、相恋、矛盾、分手的完整恋爱过程。之前的实践证明,这两个人要长期相处下去,确实存在这样那样的问题。那现在要挽回对方或者被对方挽回,必然要克服曾经的伤害、彼此的偏见、心中的疑虑、各自的面子等各种各样棘手的问题。那我们在情绪不稳的状态下,如何做出相对合理的决策呢?这一切都取决于这段亲密关系给自己带来了怎样的存在感,这些感觉是否足够珍贵,这些感觉是否不可替代?

相对而言,一个人内在的价值比外在的价值更加珍贵和不可替代,内在的价值包括智慧、性格、三观等,外在的价值包括形象、财富、地位等;一段恋情中强烈的情绪体验比平淡的日常更加珍贵和不可替代,强烈的情绪体验包括兴奋、渴望、愤怒等,平淡的日常包括陪伴、小感动、舒适等;一个人的状态主动付出比被动索取更加珍贵和不可替代,主动付出包括牺牲精神、雪中送炭等,被动索取包括提要求、尽义务等。

好好想想,曾经的亲密关系中,哪些东西才是两个人的常态。把这些问题想清楚,是我们去挽回一个人的前提。它意味着我们是不是去挽回真正的爱情和幸福,而不是去挽回再一次的痛苦和失落。

价值挽回

对方因为自己价值不够,跟自己分手,想要挽回对方,我们称为价值挽回。

如果对方因为自己价值不够,跟自己分手,会给自己带来强烈的自我否定。遭遇这种情况的亲人,往往会表现得情绪低落、自暴自弃、言语行为也容易偏激。这个时候,如果马上去挽回对方,效果是不好的。这种状态只会让对方进一步质疑自己的低价值，更加嫌弃自己。另一方面，对方嫌弃自己价值低，不代表自己价值真的低，而是因为两个人在亲密关系中，因为一系列原因，形成了一种共识——对方是价值高的一方，自己是价值低的一方。要改变这种共识，要给对方一个淡化偏见、平复情绪的时间和空间。

那要如何做好价值挽回呢？

（1）提升自己的魅力。对方嫌弃自己，可以简单理解为自己不能让对方触电、来电，也就是魅力不足。通常我们理解的魅力，是一个人的财富、形象这些外在条件，而一个人真正的魅力是由内而外的。如果对方是在亲密关系中质疑自己魅力不足，大多数情况下不是因为自己的外在魅力，而是一些更深层的魅力缺失，比如，不够上进、不够自信、不够有主见、不够有责任感等等。所以提升魅力是一个由内而外的系统工程，包括，雄性领袖特征、姿态、绅士风度、娱乐精神、形象建设、肢体语言、利基市场等等。

（2）改变自己的姿态。姿态就是在两性接触中，男人的价值、内涵、品质以什么方式呈现出来。正确的姿态应该是淡定从容、真实自然、沉稳大气、直面问题，而讨好、急迫、装叉、计较、逃避等错误姿态是影响一个人价值呈现的最大障碍。

不要讨好。试图用乞求、献媚、感动等方式换取对方的认可，是很难行得通的，只会让对方觉得自己价值更低。哪怕对方一时心软同意复合，换来的只是再一次的被嫌弃，悲剧重演。

不要急迫。要让对方认可自己的价值，除了需要方法和过程，更需要正确的姿态，并不是简单得多赚点钱、对她更好、换个发型就能让对方认可自己的价值。

不要装叉。试图用发誓、保证、自残等悲情演出唬住对方，改变对方的想法，也是不现实的。两个人处那么长时间了，彼此还是比较了解的。

不要计较。试图通过算账、诉苦、邀功等方式约束对方，也是不明智的。这确实可以造成对方短暂的愧疚，但这种计较的姿态，只会让对方更加嫌弃自己。

不要逃避。骗自己说，只是自己哪件事情没有做好，让对方嫌弃自己了。对方的情绪和不满，是长期累积出来的，有些认知不是一天两天形成的。

（3）形成新的共识。在之前那段亲密关系中，双方已经形成的共识是对方价值高、自己价值低。现在想要挽回对方，只有通过重新博弈，逆转这种共识，形成一种崭新的关系结构——对方价值低、自己价值高，才能给对方足够的动力走入新的关系，找到新的幸福。

改变自己的弱势心态：不要那么患得患失、逆来顺受、不够洒脱，正是这些心态，让自己丧失了魅力，最终失去了对方。女生内心里真正渴望的是强者的征服，而不是跟女生计较，被女生影响的弱者。

改变与对方的互动方式：改变之前主动博弈（态度十分积极）的交流方式，现在需要通过被动博弈、被动冲突、主动冲突的非舒适互动方式，改变对方对自己的定位和认知，让对方另眼相看。

制造渴望：就是人为制造对方对存在感的渴望（我有价值、我很重要、我被需要），大家也可以理解为：

因为某些事情，主动剥夺了对方的存在感，让对方产生了证明自己的冲动。这些事情可以是性冷淡、自卑联想、假想敌、延迟满足、换挡、超级姿态，等等。

可控挽回

对方因为自己可控性不够,跟自己分手,想要挽回对方,我们称为可控挽回。

如果对方因为自己可控性不够,跟自己分手,主要是对方对自己产生了怀疑——不够真心、心里还有别人、不再爱了等,最后伤心失望。我们要知道,对方的绝望感不是一朝一夕产生的,而是天长日久累积起来的,比如,长期没有安全感、长期不受尊重、长期受到感情伤害等。当我们决定挽回对方时,一定要发自内心地问自己,准备好去好好爱对方了吗?还是只是一时的冲动,想要挽回点儿面子,或者满足自己可怜的好胜心?

如何做好可控挽回呢?

(1) 改变自我认知,学会尊重。很多想要可控挽回的亲人,在曾经的亲密关系中既不尊重自己也不尊重别人,俗称不懂得珍惜。要么以自我为中心,忽视别人;要么没有自我要求,缺乏控制力;要么缺乏对价值的判断,好坏不分。所以在挽回对方之前,先要改变自我的认知,学会尊重自己、尊重别人。这才能让对方看到一个全新的自己。

(2) 拿出付出精神,重建信任。很多想要可控挽回的亲人,在对方眼中已经信用破产了,所以挽回的关键是重新建立信任。我们要认识到,信任不是要来的,而是自己赢得的;信任也不是一时的情绪,而是一种感觉的长期累加。建立信任是一个逐步打开内心,接受对方的过程。

可见成本:让对方知道,为了挽回这段感情,自己付出了什么样的实际代价。例如,为了挽回对方换了工作、送一份高价值的礼物、跟第三者彻底断联了、彻底改变了生活方式、漂洋过海来认错、一个月瘦了十斤、上交工资卡、很有仪式感的重新表白,等等。

放低身段：在可控分手的时候，对方产生了强烈的自我否定，被剥夺了存在感，有心理阴影。所以，现在想要挽回对方，一定要放低身段。放低身段不是去献媚、讨好、跪舔对方，而是不再以自我为中心，优先考虑对方的情绪，优先考虑对方的感受，让对方得到更多的自我肯定。例如，主动诚恳地认错；主动地寻求交流；做一些以前从不会做的放下面子的事情；学会一些以前看不上做的事情（做饭、收拾家务等）。

爱的能力

挽回爱情的时候，很多亲人误以为自己多么爱对方，这是一个很大的误会。如果真的如自己所想，为什么在亲密关系中没有好好地经营爱情呢？

很多希望挽回爱情的亲人，往往在亲密关系中犯了各种各样的致命错误，比如，不够上进、不够真心、不信任对方、放纵任性、恶习不改等等。这些错误其实代表了一个人缺乏爱的能力。或者说，一个人产生了爱的意愿，不等于自动拥有爱的能力。

爱是一种后天习得的能力，它意味着，我去爱对方的时候，能让对方感受到爱，并让对方从爱中找到存在感——我有价值、我很重要、我被需要。

不论我们出生于怎样的家庭，不论我们拥有怎样的成长经历，不论我们渴望怎样的爱情，拥有爱的能力，是人生最大的一个课题，是幸福的前提条件。

那么，爱需要哪些能力呢？自我肯定、同理心、爱情认知、性魅力，这四大基石构成了爱的能力。

自我肯定：一个人是否自我肯定，决定了他是否有足够的动力去爱别人。自我否定太严重的人不仅没有动力爱别人,甚至拒绝别人对自己的爱。

同理心:主动去感受别人,主动去表达自我,主动和对方的情绪实现快速连接的能力。没有感同身受的情绪和行动,爱是无法传递的。

爱情认知:存在感、爱情追求、幸福匹配、姿态、触电、来电、漏电、情绪价值、亲密关系的矛盾基调,理解了这些概念,才能真正理解爱情。

性魅力:不论自己有多少的内在价值和在外价值,没有正确的姿态去呈现这些价值,就很难对异性产生强大的性吸引力,姿态是两性博弈与吸引的核心要素。

爱是一种能力,不是单纯的主观意愿,不论我们想去爱别人,还是想得到别人的爱,请记住它的客观存在。

第7章 附录

一
亲人们的成长心路

我相信每个人都会渴望得到一份美好的爱情，很多人也都在自我救赎的道路上因为找不到方向而迷茫、困惑。

真爱型的我在爱情的道路上迷茫了十几年，总是渴望能够寻找到一份真爱，却又因为不了解爱情的本质和规律总是手足无措，与爱情擦肩而过。即使能够在爱情中义无反顾、勇往直前，但对于当时的我来说，也只能是与幸福失之交臂了。

我很庆幸我遇到了曹老师和达蒙老师，学习了姿态恋爱学。我觉得姿态恋爱学最强大的地方，就在于它不仅可以用最先进的理论阐述爱情的本质，从而指导我们如何完善自身，使自己成为有魅力的男人，达到情感自由，获得良好的情感体验。还可以在这个过程中完成自我从本能驱动型到体验驱动型的转变，使自己可以更加淡定、自信、从容地面对生活，体验人生，摆脱束缚的枷锁，活出真正的自我。

如果只能用一个词形容姿态恋爱学，我觉得就是智慧，对，它就是智慧的结晶。姿态恋爱学对人的指导意义是其他所有恋爱学所远远无法达到的，如果把世界上所有恋爱学集中到一起，那么只能分为两类，一种是姿态恋爱学,其他的则是不成熟恋爱学。

——姿态恋爱学员:苏摩

我学姿态恋爱学缘起于曹老师,首先非常荣幸能够接触到这么厉害的一套成系统的恋爱学,也感谢我的引荐人曹老师,以及帮助我时常为我们默默付出的达蒙老师。

我最早接触恋爱学是在2015年夏天,看过网上的宣传视频,关注过几天,那时候还在上学,每天过得浑浑噩噩,也比较封闭,是一个对未来充满迷茫的失败者。但也慢慢开始有意识去想要改变自己。这样过了一年多。终于,在第二年的冬天彻底地明了,开始行动,去看书籍,学习情商、财商。接触新的事物,慢慢打开新的世界。

但是呢,随着慢慢的改变也碰到一些新的问题。怎么改变两性关系?曾经也做过备胎,也被甩过。然后慢慢地惧怕,不敢接触女孩,一直在逃避。想要改变现状唯有学习,恰巧在这个时候碰到了曹老师,人生的转折点。

现在也学了一个多月了,改变了很多错误认知,比如对她好,她就会喜欢我。有钱就有女人等等错误的认知。

学习了如何变得更强大,那就是体验驱动型,唯有体验过程,对结果平淡,脱离本能驱动才能使自己变得更强大,从而获得更好的情感体验。

再往后知道了行动加真诚才是打动女人的根本,以前学过的一些撩妹技巧,在女孩面前犹如跳梁小丑,把女孩想得太简单,其实是自己想得太简单。是呀,人与人之间的相处,说了什么不重要,重要的还是做过什么,行动才是实实在在的。试想一下,如果其他人对你天天耍嘴子,没有半点行动,只是在嘴上关心,和一个不光嘴上说,行动上也去做一些真正的实事,哪一个更能打动你?

现在只有认真坚定地去学习,才能让自己变得更好,实现情感自由,获得美好的情感体验,从而变得强大。

希望姿态恋爱学能传播得更广,让更多的人去改变自己,从本能中挣脱出来。

——姿态恋爱学员:最以为贵

姿态恋爱学是一套逻辑性很强、成体系的课程。学习课程进度已近半,主要学习了以下内容:

1. 本源,明白了爱的原问题,即,人为什么会爱。
2. 偏好,不同类型的人爱情偏好不同。
3. 奖品性,爱情偏好不同的人对奖品的需求也不同。
4. 雄性领袖特征,课程里讲的魅力建设,其实就是围绕雄性领袖特征来建设自己,这是一个长期的过程。
5. 来电、触电、漏电、梦想等知识。

我相信很多感情不顺的人都有过我这样的经历:相亲、恋爱、失恋、再相亲、再恋爱、再失恋(反复循环)……一个人情感受挫,却因不知受挫原因而不断循环之前的受挫经历,即耽误了自己的时间,也耽误了对方。学习姿态恋爱学后,彻底明白了自己之前恋爱失败的原因,同时学会了如何去赢得意中人的芳心并把一段感情维系下去。

课程中各知识点贯穿了恋爱的相识、相知、相爱等各个阶段,唯有把各知识点学习好,才能较好地综合运用上述知识去解决自己的情感问题。一方面,姿态恋爱学知识让我们明白了如何成为一个有魅力、情感自由的人;另一方面,学习理论后一定要实践,只有不断地通过实际行动建设自己,运用上述知识不断解决情感中出现的问题,内心才会越来越强大,情商才会越来越高。

——姿态恋爱学员:夜未央

自从学习了姿态学,让我更懂得生活!特别是从生活中身边的人发生的事情,让我重新地去理解事情发生的原因。以前很注重结果,和身边的朋友、同事不好相处,好多年一直在学国学、寻找解决事情的办法,但都不怎么适合我,也运用不好所学的知识。

希望以后能跟随老师好好学习!把所学的实践在生活当中。一步一个脚印,走出新的人生!

课程所讲解的奖品交换,也很适合为人处事,你对别人再怎么好,对方把这些不当奖品,我们怎么做也是无用的!所以我们要实现筛选机制!物以类聚!人以群分!并不是我们不好,而是我们要为我们的朋友圈做出选择!

现在的社会竞争压力过于激烈,我们有时候很迷茫,分不清方向!特别是做一个有姿态的人!我们会因为自我的否定,造成我们对生活的负面联想,从而丧失了我们对未来生活的信心!

还有就是现在的互联网知识太泛滥,在学习知识中处处听起来好像都挺有道理,但姿态学所带给我是综合方面的知识!神奇的是它结合了很多方面的内容,用起来好像都有效,当然里面还有很多很多我这就不一一列举了。

最后感谢上天!在我有生之年遇到了曹老师!达蒙老师!大宝宝老师!为我指引方向……感谢姿态学团队的付出!希望以后跟老师好好学

习！把姿态学实践在生活中，帮助更多的人！谢谢你们。

——姿态恋爱学员：蒙多多

在过去，每当我们谈及爱情、原生家庭对个人在亲密关系中的影响、男女相处之道，似乎每个人都能似懂非懂地列举一二，很多道理要么来自三姑六婆，要么来自鸡汤微博，要么来自生活感悟，然而以上种种皆为无根之水，才导致我们仍处于"大道理听了那么多，也还是过不好这一生"的囚徒困境中。我们缺的是一套有根有据的道理结合行之有效的方法的指导体系，而姿态恋爱学的出现，正是补足了人类历史中的这一缺失。

从今以后，尽人事，听天命，这句话放在爱情中，人事，即姿态，天命，即缘分。学习姿态恋爱学的人生，才是真正的无悔人生。

——姿态恋爱学员：波波

姿态，这2个字非常的神奇。

它不是装逼，不是装得我很有钱，而是一种让人由内而外散发出来的气质。

姿态训练营带给我最大的改变，就是让我无论在生活还是工作中，都得到了蜕变。

这不仅仅只是恋爱那么简单，姿态是一种行为态度，是让我变成这样一个更好的人。

——姿态恋爱学员：大圣

接触"姿态恋爱学"以来，收获心得挺多，最有感触的有两个方面：

一、原问题:"存在感"

1. 人生哲学终极三问：我是谁、我从哪里来、我要到哪里去？

一直在情感里面挣扎，有开心，也有痛苦，有成功，也有迷茫，但又乐此不疲地反复折腾，其实就是找这个"存在感"。也许是知道了活着的意义，在看待和处理事情的时候，感觉坦然多了，没有了过多的后悔和自责，更加去关注当下的感受，更多地去倾听自己的声音，去体验当下和不同。

2. 一生二，二生三，三生万物。

"存在感"这东西有自己实现的，也有别人给的，每个人的感觉不一样，每个人实现的方式也不同，这就引出了后面的许多重要概念：同理心，体验型，姿态，推拉等等。有时对情感的某个问题想不明白的时候，从"存在感"的方向思考，就可以理出一些头绪来。

二、正确的打开方式："姿态"

"恋爱姿态学"虽然说的是恋爱的姿态，其实我个人觉得更应该是男人活着的"姿态"，不仅仅是面对女人要有姿态，在生活中，工作中也是需要有自己的"姿态"。姿态恋爱学中阐述的男人魅力建设和七大奖品性，同样适用于生活和工作中，男士只要在这些方面进行修炼和积累，自然而然就具备了吸引女人的魅力。世界的一半是女人，这个男人受大部分女人喜欢，就征服了世界的一半。应该反过来说，因为男人活得有了姿态，才吸引了女人。

"恋爱姿态学"传递的是一种正面能量，仔细体会和修炼，活出来的是一种正面的"姿态"。

——姿态恋爱学员：诗云

《感谢你,救了我》
——致姿态恋爱学

我曾经深爱过一朵鲜花,
也狠狠地折断了枝丫,
扒掉了身上的绿叶,
根部的土壤也无情地践踏。
峰回路转,秋风袭过,
感到了深深的自责,
经常在恐惧中苟延残喘地活着,
时常在孤独中把酒言欢的苦乐。
我痛哭过!
我嘶吼过!
我努力过!
我跪求过!
是不是我悲凉地错过了,
还是我没有做对这选择,
眼前是滔滔的江水,
脚下是十八层的楼阁。
这时,
有一股力量紧紧地抓住了我,
告诉我这都他妈的不算什么,
人活着还有很多事要去做,
有很多很多背负的责任,

还有很多对家人的承诺。
看那大海有多么的辽阔，
看那鲜花是多么的婀娜。
最重要的是：
你还有我！！！

——姿态恋爱学员：以诺

二
自测量表

读到这里的朋友们,我们确信,你对真正的爱情有自己的追求和想法、你对幸福仍然充满了向往。如果你想了解更多的姿态恋爱学知识,你想打开自己的情感新世界,可以添加微信 qianyiqinggan,联系曹老师,添加微信好友时备注——我是读者。曹老师将结合多年的案例研究经验,给你耐心解答。姿态恋爱学欢迎你。

自测量表一:《亲人情感信息表》

亲人情感信息表		
基本信息		
姓　名		
性　别		
年　龄		
省　份		
城　市		
身　高		cm(厘米)
体　重		kg(公斤)

续 表

基本信息		
职　业		任选一：企业家、高管、铁饭碗、白领、小业主、自由职业、学生
学　历		任选一：硕博、本专、职业教育、其他
手机号		
微信号		
自我评价		
形　象		任选一：我形象很好、长得不错、长相普通、不好看
财　富		任选一：财务自由、有钱人、小康生活、低收入
智　慧		任选一：大智若愚、我有幽默感、我比较聪明、情商低
有市场		任选一：我受人尊重、我总是受人欢迎、可以与人正常交往、没朋友
攻击性		任选一：该出手时就出手、偶尔勇敢一次、缩手缩脚、绝不主动
控制力		任选一：我能控制局面、我严格自律、重要的事情能约束自己、很难约束自己
责任感		任选一：我值得托付、我愿意付出、我还算靠谱、我不愿意付出
自我肯定程度		任选一：人生赢家、我真的很优秀、我还不错、我很失败
情感信息		
感情现状		任选一：已婚有小孩、已婚无小孩、恋爱、单身、离异

续 表

		情感信息
情感需求状态		任选一：迫不及待、随缘、想谈不敢谈、单身主义
初恋经历		任选一：很美好、长期暗恋、没追到、被抛弃、被拆散、异地恋
曾经的求爱成功率		任选一：战无不胜、胜败参半、屡败屡战、败到没信心了
有没有奋不顾身地爱过一个人		任选一：从来没有过、只有一个、有几个、爱谁都奋不顾身
有没有被人奋不顾身地爱过		任选一：从来没有过、只有一个、有几个、谁爱我都奋不顾身
		家庭经历
父母关系		任选一：很恩爱、尽职尽责、矛盾冲突、离异
童年时父母对你的态度		任选一：很爱我、很宠我、对我苛刻、不爱我
父母让你特别感动的事情		任选一：精心的照顾、尊重我的选择、为我付出一切、宽容我
父母让你感到遗憾的事情		任选一：不够关心我、不尊重我的选择、总是不肯定我、不信任我
家庭价值观		任选一：生活艰难、人要有追求
		她的信息
年 龄		
职 业		任选一：企业家、高管、铁饭碗、白领、小业主、自由职业、学生
她所在的城市		任选一：同城、异地

续 表

她的信息		
形象评价		任选一：性感漂亮、漂亮、性感、气质吸引我、形象很一般
性格评价		任选一：有点儿任性、有优越感、有激情、比较独立
她的恋爱经历		任选一：很丰富、有过几次、没谈过
你觉得她最想要什么？		任选一： A. 愉悦她、关心她、为她解决问题 B. 性生活满足她、让她有面子、为她花钱 C. 愉悦她＋性生活满足她 D. 她自己也不确定
目前关系处于什么阶段？		任选一：发现目标、聊天阶段、约会阶段、暧昧阶段、恋爱阶段、被分手、婚姻阶段、被离婚
她的感情现状		任选一：单身1年以上、刚分手、正在分手、恋爱中
她的受欢迎程度		任选一：追求者众多、有执着的追求者、追求者不多
她的家庭氛围		任选一：很亲密、不是很亲密
她的朋友圈特征		任选一： A. 大量的段子（讽刺、笑话、小故事）＋孤独特征（生活技能秀、吐槽、许愿、求助） B. 孤独特征（生活技能秀、吐槽、许愿、求助） C. 大量秀思想（讲道理、感悟、人生哲学、价值观） D. 大量摆造型、秀气质的全身照（风景区、大街上、茶楼、艺术照）

续 表

		学习诉求
短期目标		任选一:脱单无目标、吸引心仪女生、改善恋爱关系、挽回、单纯地学习
长期目标		任选一:拥有爱情、幸福的婚姻、激情的人生、牵易认证情感教练(LECT)
恋爱最大短板		任选一:不了解女人、不敢行动、不会聊天、不会推进关系、不懂相处技巧、在女人面前姿态低
你知道自己最想要什么吗?		任选一: A. 愉悦我、关心我、为我解决问题 B. 性生活满足我、让我有面子 C. 愉悦我+性生活满足我 D. 不确定
填表日期	年月日	

我需要帮助: 读者朋友们,如果你想彻底了解自己的爱情追求,让自己的爱情之路更加顺利,可以把自己的情况填在表里,加微信qianyiqinggan,告诉曹老师,曹老师会给你耐心解答。加微信好友时备注——我是读者。

自测量表二:《幸福量表》

奖品性	男	女	如果双方都是负分
对方可控			互相防备
愉悦我			各玩各的
关心我			相互抱怨

续 表

奖品性	男	女	如果双方都是负分
解决问题			相互失望
性生活			相互失望
让我有面子			相互嫌弃
花钱			相互怀疑
幸福指数			

奖品性说明：

可控性：门当户对、性格不冲突、只喜欢我一个、给我浪漫、让着我。

愉悦我：懂我、哄我开心、跟我一起玩、三观一致。

关心我：在乎我的感受、在乎我的喜好、在乎我的细节。

为我解决问题：带我看病、给我搬家、帮我出主意、有危险时挺身而出。

性生活满足我：竞争胜出的快感、外形怎么样、技术怎么样、体力怎么样。

有面子：能配上我、闺蜜和家人会鄙视还是羡慕、能带到街上去、会捧我。

为我花钱（或为我花好钱）：给我高消费、送我礼物、给我钱、给我买车、给我买房。

打分说明：

1. 可控性：很不满意－6；不满意－3；一般 0；满意 3；特别满意 6。
2. 其他 6 项：很不满意－2；不满意－1；一般 0；满意 1；特别满意 2。

特别在意的一项要乘以3。

我需要帮助：读者朋友们，如果你想知道，自己和另一半的幸福指数，可以把自己的情况填在表里，加微信 qianyiqinggan，告诉曹老师，曹老师会给你耐心解答。加微信好友时备注——我是读者。

图书在版编目(CIP)数据

爱的能力养成法 / 李臻主编. ——上海：文汇出版社，2019.5

ISBN 978-7-5496-2869-8

Ⅰ.①爱… Ⅱ.①李… Ⅲ.①爱情-通俗读物 Ⅳ.①C913.1-49

中国版本图书馆 CIP 数据核字(2019)第 095951 号

爱的能力养成法

策　　划 / 李　臻　达　蒙　智　超　张柳湘

责任编辑 / 黄　勇
特约编辑 / 建　华
封面装帧 / 张　晋

出版发行 / 文汇出版社
　　　　　上海市威海路 755 号
　　　　　（邮政编码 200041）
经　　销 / 全国新华书店
排　　版 / 南京展望文化发展有限公司
印刷装订 / 启东市人民印刷有限公司
版　　次 / 2019 年 5 月第 1 版
印　　次 / 2019 年 5 月第 1 次印刷
开　　本 / 720×1000　1/16
字　　数 / 281 千字
印　　张 / 20

ISBN 978-7-5496-2869-8
定　　价 / 48.00 元